O NA FYDDAI'N HAF O HYD

O na fyddai'n Haf o hyd

Haf Thomas

(golygydd Ifor ap Glyn)

Gwasg Carreg Gwalch

Argraffiad cyntaf: 2024

(h) Haf Thomas/Gwasg Carreg Gwalch 2024

ISBN clawr meddal: 978-1-84527-806-9

ISBN elyfr: 978-1-84524-625-9

CYNGOR LLYFRAU CYMRU

Cyhoeddwyd gyda chymorth Cyngor Llyfrau Cymru

Llun clawr: Patrick Kevin Hughes
Cynllun clawr: Eleri Owen

Cyhoeddwyd gan Wasg Carreg Gwalch,
12 Iard yr Orsaf, Llanrwst, Dyffryn Conwy, Cymru LL26 0EH.
Ffôn: 01492 642031
e-bost: llyfrau@carreg-gwalch.cymru
lle ar y we: www.carreg-gwalch.cymru

Argraffwyd a chyhoeddwyd yng Nghymru

I bawb sydd wedi bod yn gefn i mi
ar hyd y blynyddoedd.

Nodyn gan y golygydd

Mae Haf wedi cyfarfod â channoedd o bobl dros y blynyddoedd ac yn ddiolchgar dros ben i gymaint ohonynt. Os oes rhai heb gael eu crybwyll ar dudalennau'r gyfrol hon, ar y golygydd mae'r bai am hynny.

Diolch i Sara, Bethan a Gruff am eu gwaith yn trosglwyddo'r tapiau; ac i Cwmni Da am gael benthyg yr offer recordio, a'r fideo o raglen James Lusted efo Haf.

Diolch i Mererid a phawb arall yng Ngwasg Carreg Gwalch am eu gofal wrth baratoi llyfr Haf.

Diolch i bawb oedd yn fodlon cael eu recordio – Eiriona Williams, Heather Lynne Jones, Mair Lloyd Hughes a Menai Thomas. Ac yn olaf ond yn bwysicaf oll, diolch i deulu Tre Ceiri – Ann, Irfon a Ffion – ac wrth gwrs, i Haf ei hun.

Cynnwys

Sgwennu'r llyfr hwn...

Ganol Mawrth 2024, dyma fi'n ymlwybro draw i gyrion Llanrug er mwyn eistedd efo Haf a'i mam, Ann, yng nghegin y tŷ. Roeddwn i wedi dod ag offer recordio sain ac roedd Haf wedi estyn bocsaid o ddyddiaduron a sawl albwm lluniau. Ar ôl i bawb gael panad o'u blaenau, dyma roi *switch on* i'r peiriant ac i ffwrdd â ni:

- "Iawn 'ta, Haf, wel... pam sgwennu llyfr?"

- "Wel, adag Steddfod o'dd hi a dyma fi'n meddwl, fel o'n i'n mynd rownd y maes, 'Duwcs,' medda fi, 'gwna hanas dy fywyd dy hun – sef neud llyfr.' A dyma fi'n meddwl mwy wedyn, a rhoi plan ar y meddwl. Es i adra wedyn, a digwydd bod – ella 'newch chi chwerthin ma siŵr – o'dd Mam a Dad 'di mynd i rwla, dwi'm yn gwbod lle oeddan nhw 'di mynd. Be 'nes i? Es i'n syth fyny i'r llofft a dechra sgwennu. A dwi'n mwynhau gneud petha gwahanol efo 'mywyd i, sef gneud y llyfr 'ma. Ac wedyn dwi'n edrych ymlaen rŵan i gael gweld be sy'n mynd i ddigwydd nesa."

- "Ond ti wedi bod yn un am sgwennu erioed, yn do?"

- "Wel, fatha ddaru chi ddeud, dwi wrth fy modd efo sgwennu. Dwi'n hoffi sgwennu yn y *diary* a gwahanol betha, fel hyn, yndê."

- "A phryd wnest ti gychwyn cadw dyddiadur?"

- "O, mae o'n mynd ers y nawdegau, deud y gwir. Mae o'n

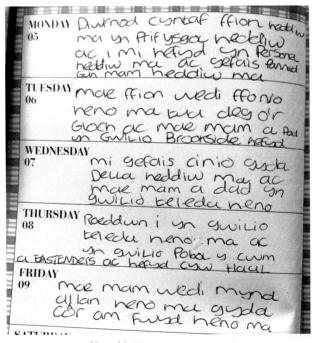

Un o ddyddiaduron cynnar Haf

mynd ymlaen ac ymlaen ac ymlaen, 'lly. Dwi wrth fy modd yn cael cadw *diary*. Ac fel dach chi'n gweld o'n blaena ni'n fama, 'lly, maen nhw i gyd yn y bocsys, a dwi'n mwynhau'u cadw nhw."

– "Ei di 'nôl i ddarllan yr hen ddyddiaduron?"

– "Yndw, dyna be dwi 'di bod yn 'i neud ar hyd y flwyddyn, darllan nhw..."

– "... Ar gyfar y llyfr, wrth gwrs?"

– "Ia, wrth gwrs."

- "Oes 'na gyfrinacha mawr yn y dyddiaduron?"

- "O, dwi'm yn mynd i ddeud dim mwy 'na hynny, sori!" (chwerthin)

Doeth iawn, Haf. Bydd rhaid i bobl ddarllen y penodau sy'n dilyn drostynt eu hunain os ydyn nhw am gael gwybod hynny! Ond os na fydd cyfrinachau mawr, mi fydd sawl peth yn y llyfr hwn fydd yn synnu'r darllenwyr – ac yn ennyn eu hedmygedd hefyd.

Braint oedd ymgymryd â'r gwaith gan fod Haf yn gyfnither i'm gwraig. Mae'r hyn sy'n dilyn yn ffrwyth nifer o gyfweliadau dros gyfnod o dri mis, efo Haf ac efo ei chwaer, Ffion; efo ei rhieni, Ann ac Irfon; ac efo rhai o'i ffrindiau. Lluniodd Haf ei hun fraslun manwl ar gyfer y llyfr hwn, a dwi wedi cynnwys ambell ddyfyniad ohono yn y testun, a dyfynnu hefyd o rai o'r erthyglau lu a ysgrifennwyd amdani dros y blynyddoedd.

Ond yn bennaf... dyma hi, Haf Thomas, yn ei geiriau hi ei hun, ac yng ngeiriau'r rhai sy'n ei nabod hi orau.

Haf yn ymchwilio yn un o'i hen ddyddiaduron

1

Dyddiau cynnar yn Llanaelhaearn
(1971–3)

"Mi ddois i'r byd yn Ysbyty Dewi Sant ar 11 Awst, 1971, yn fabi bach hapus iawn. Pan wnaeth Mam a Dad ddarganfod beth oedd yn bod ar ôl i mi gael fy ngeni, fe gawson nhw sioc fawr."

Mae Haf yn gwybod ei hanes ei hun a dyma'r geiriau cyntaf yn ei braslun cychwynnol hi ar gyfer y llyfr hwn. Mae ei rhieni, Ann ac Irfon, wedi rhannu'r stori'n onest â hi, ac fel y gwelwn, doedden nhw ddim wedi cuddio dim rhagddi. Dyma Haf eto:

"Gawson nhw wybod gan y doctor 'mod i'n fabi bach gyda syndrom Down. Daeth y nyrs at wely Mam i egluro beth oedd syndrom Down achos roedd o'n gyflwr diethr bryd hynny, a dim llawer o wybodaeth ar gael.

Llun negyddol a ddarluniwyd gan y nyrs y diwrnod hwnnw. Mi fues i'n hir iawn cyn cael mynd i freichiau Mam a chael cysgu wrth ochr ei gwely yn yr ysbyty. Roedd yn gyfnod cymysglyd a thrist i Mam a Dad."

Haf yn ychydig fisoedd oed, efo Ann

Y meddyg, John Langdon Down, oedd y cyntaf i ddisgrifio'r cyflwr hwn yn fanwl yn ôl yn 1866, ond *mongolism* oedd y term a fathodd yntau amdano, a dyna'r gair annifyr oedd yn dal i gael ei arfer tan blynyddoedd cyntaf Haf yn yr 1970au. Bellach mae wedi'i ddisodli'n llwyr – a "Down's" yw'r unig derm sy'n cael ei ddefnyddio heddiw.

Dyma atgofion ei rhieni am y dyddiau cyntaf:

– "Mi gafodd Haf ei geni ar ddydd Mercher," meddai Ann, "ac mi aethon nhw â hi'n syth i'r uned arbennig achos 'i bod hi dan bwysa... oedd hi'n 4 pwys a 12 owns dwi'n meddwl, ac angen ei chadw mewn ryw *incubator*, neu felly o'n i'n cymryd..."

– "Dwi'n cofio mynd lawr i weld Ann y noson honno," meddai Irfon, "ac o'dd Ann yn ddigon hapus, deud 1 bod hi 'di cael dipyn o amsar calad wrth ei geni hi, ond o'n i'n siomedig doedd yr hen fabi bach ddim efo hi wrth y gwely."

Eglurodd Ann fod Haf yn isel ei phwysau ac yn cael gofal mewn uned arbennig, felly i ffwrdd ag Irfon i'w gweld hi.

"Mi ddoth y nyrs â Haf, 'mond i fi gael 'i gweld hi trwy'r ffenast 'de, ac o'n i'n gweld ei gwynab crwn hi – yn debyg iawn, iawn i dad Ann! A dyma fi'n mynd 'nôl a deud wrth Ann, 'Rargian, ma hi'n debyg i dy dad'... 'Nes i'm meddwl dim byd arall y noson honno, naddo? Ac wedyn, mi ges i fynd adra'n reit fodlon fy myd, wedi cael gweld y ddwy a gwybod 'u bod nhw'n iawn."

Ond y diwrnod wedyn daeth newid ar fyd... a theg dweud nad oedd staff Ysbyty Dewi Sant wedi ymdrin â'r sefyllfa gystal ag

y gellid... Ann oedd y cyntaf i amau fod rhywbeth yn cael ei ddal
'nôl oddi wrthyn nhw:

"A dyma fi'n gofyn, 'Pa bryd ma Haf yn cael dod at 'y ngwely
i?' a doeddan nhw ddim yn deud rhyw lawar. A dyma'r nyrs
yn dod ata i a deud bod na feddyg isio 'ngweld i... a dyma
fi'n mynd, a do'dd 'na neb arall yn y stafall ond y meddyg a
fi. A dyma fo'n rhoi coblyn o sioc i mi, a deud y gwir, a finna
ar ben fy hun bach. '... I wanted to tell you that your baby
has Down's Syndrome.'

Wel, fedrwch chi feddwl sut o'n i'n teimlo. Do'dd gen i
ddim syniad be o'dd y cyflwr 'ma – do'dd gan bobl ddim,
nago'dd, yr adag hynny, hannar can mlynadd yn ôl – dim
syniad beth o'dd Down's Syndrome. A dim dyna oeddan
nhw'n ei alw fo beth bynnag, yr hen air annifyr 'na gafodd 'i
ddeud wrtha fi... Diolch byth 'di o'm yn cael ei ddefnyddio
dim mwy. A pham na fasan nhw 'di medru aros a deud wrth
y ddau ohonon ni efo'n gilydd? Dwi'm yn madda hynny
chwaith. Falla bo' fi'n rong, dwi'm yn gwbod..."

Irfon oedd y nesaf i gael y newyddion a dysgu mwy am beth i'w
ddisgwyl. Roedd o yn ei waith yn Adran Gyllid Cyngor Gwyrfai
pan gafodd alwad ffôn gan Ysbyty Dewi Sant:

"Wrth gwrs, y peth cynta 'nes i ofyn oedd, 'Ydi Ann yn iawn?'
'O yndi,' meddai, 'os medrwch chi ddŵad yn reit handi,
mae'r meddyg – yr arbenigwr plant – isio'ch gweld chi.'
'Iawn,' medda fi. A mynd at y pennaeth 'lly, i ddeud bo'
fi'n goro mynd i'r ysbyty. 'Pob peth yn iawn,' medda hwnnw.
Dwi'n cofio mynd i fewn drwy drws y ffrynt yn Ysbyty
Dewi Sant, ar hyd y coridor hir oedd yna, a dyma fi'n gweld
un o'r nyrsys yn dod i 'nghwfwr i. A dyma hi'n sbio arna i,
'Mr Thomas dach chi?'

'Ia,' medda fi. Ac o'n i'n gweld y dagra yn ei ll'gada hi'n dechra rhedag.

'Be sy'n bod?' medda fi.

'Mae'n ddrwg gen i ddeud 'thach chi ond ma'ch hogan fach chi'n Down's.'

Do'n i'm yn gwbod lle i roi fy hun ar y pryd, 'de.

'Lle ma Ann?' medda fi.

'O, maen nhw 'di rhoi hi mewn ward ar 'i phen ei hun.'

Pan es i yno, mi o'dd Ann, wrth gwrs, wel, gallwch chi ddychmygu sut stad o'dd hi ynddo fo ar y pryd. Mi o'dd hi'n torri'i chalon, a fedrwn i'm gneud dim byd ond ei chysuro hi'r adag hynny."

Yna cafodd Irfon ei hebrwng gan nyrs i weld yr arbenigwr plant:

"O'n i'n gobeithio 'sa hwnnw'n rhoi tipyn bach o ola dydd i mi 'de – neu gyngor – ond ches i ddim byd dim ond petha negyddol ganddo fo. Ches i ddim byd positif, 'mond negyddol, yn deud y bydd Haf 'yn ei chlytia tan fydd hi tua 5 i 8 oed', y byddwn ni'n 'gorfod ei bwydo hi tan fydd hi'n 8 i 10 oed', a hyn a'r llall ac arall. Ac ar ôl i mi wrando ar hyn i gyd, mi o'dd o wedi neud i fi deimlo'n saith gwaeth, doedd."

Roedd rhaid i Irfon rŵan fynd i rannu'r newyddion efo'r ddau deulu. Ond ar ei ffordd i Ddeiniolen i weld ei chwiorydd, cofiodd y dylai ffonio ei bennaeth i ddweud na fyddai'n dod 'nôl i'r gwaith y diwrnod hwnnw.

"... A doedd na'm *mobile phone* bryd hynny, nago'dd? A dwi'n cofio mynd i fyny Nant y Garth, ac o'n i'n gwbod fod 'na giosg ar ochr y lôn yn fanno. A dyma stopio'r car, ac o'dd weipars y car yn mynd gen i. Ond pan es i allan o'r car, yn rhyfadd iawn, roedd y lôn yn sych! Doedd hi'm yn bwrw o gwbl. A dyma fi'n sylweddoli – mi o'dd 'y ngwynab i'n wlyb i gyd ac o'n i 'di rhoi'r weipars ymlaen yn meddwl 'i bod hi'n bwrw. Wedi drysu o'n i, yr emosiyna yn dod allan i gyd."

Roedd y newydd yn sioc i'r ddau deulu hefyd. Roedd Ann ac Irfon yn byw ar y pryd efo Abram, ei thad, mewn tyddyn ar gyrion Llanaelhaearn.

"O'n i'n gweld fod yr hen fachgan yn ypsét, dagra yn ei lygaid o, o'n i 'rioed 'di gweld Taid Abram yn crio na'm byd fel'na, a dwi'm yn meddwl fod Ann chwaith," meddai Irfon.

Cafodd Ann a Haf eu symud wedyn i Ysbyty Bryn Beryl ger Pwllheli nes oedd Haf wedi cryfhau digon i fynd adref.

– "Ac o'dd Taid Abram wrth ei fodd yn cael mynd i weld Haf yn Bryn Beryl," meddai Irfon, "ac wrth gwrs, 'gwyn y gwêl...', 'de."

Haf a Taid Gallt Derw, ar ôl iddi ddod adre o'r ysbyty

– "O'dd Taid yn deud mai fi o'dd y babi dela o'dd yn Bryn Beryl, doedd?"

– "Ia, 'dan ni'n cofio hynny'n iawn, 'de."

Aeth y teulu newydd i fyw wedyn am gyfnod at Grace, chwaer Irfon, yn Llanberis, er mwyn i Ann gael cyfle i ddod ati ei hun; ac unwaith eto, mae Haf yn falch o ddweud yr hanes:

"Gafon ni groeso bendigedig gan Anti Grace ac Yncl Wil. Mae Mam a Dad yn cofio lot fawr o bobl y pentra'n dod i 'ngweld i, a phawb yn hynod o garedig."

Ac ar ôl pump wythnos yn Llanberis, roedd y teulu bach newydd yn barod i fynd yn ôl i'w cartref yng Ngallt Derw, Llanaelhaearn, efo Taid Abram.

* * *

Beth felly yw syndrom Down? Darganfuwyd yn 1959 mai presenoldeb cromosôm ychwanegol sy'n achosi'r cyflwr. Gall arafu'r broses ddatblygu a gall effeithio ar allu deallusol. Mae'r sawl sydd â'r cyflwr fel arfer â nodweddion corfforol, e.e. wyneb crwn ac yn fyrrach na'r rhelyw. Mae'n gyflwr sy'n effeithio th..yw 40 mil yng ngwledydd Prydain heddiw. Ond... a dyma'r 'ond' pwysig... mae 'na ystod eang o ran faint mae'r cyflwr yn effeithio ar unigolyn.

A dyna ddarganfuodd y rhieni newydd dros y misoedd a'r blynyddoedd cyntaf, fel y cofia Ann:

– "Wel, mi o'dd yr wybodaeth gafodd Irfon yn hollol anghywir. 'Nath hi ddysgu cerddad yn gynt yn un peth. A dysgu bwydo'i hun..."

– "A deud y gwir," meddai Irfon, "fel oedd Haf yn tyfu ac yn datblygu, oedd hi wedi gneud bob dim oedd yn groes i be oedd yr arbenigwr 'ma 'di'i ddeud wrtha i. I ni,

Irfon a Haf yn Gallt Derw, 1971

mi o'dd hynna'n fonws, doedd. Oeddan ni wrth ein bodda fod o wedi cael ei brofi'n rong, mewn ffordd."

Megis dechrau oedd y newid mewn agweddau tuag at gyflwr Down's. Roedd Ann ac Irfon yn gorfod creu eu llwybr eu hunain, a hwnnw'n un digon arloesol:

"Doedd 'na neb wrth law i roi cyngor ar y pryd," meddai Ann. "Ond ymhen ryw flwyddyn, dyma benderfynu – reit, ma hyn 'di digwydd; mae'n rhaid i ni neud be 'dan ni'n feddwl sydd ora, dilyn ein lein ein hunain. Ac wedyn symud ymlaen o fanno. O hynny ymlaen, o'dd o'n lot brafiach ac yn lot haws i ni."

Un atgof sydd gan Haf ei hun o'i chyfnod yn Llanaelhaearn. Mae'n estyn yr albwm lluniau:

– "Pan o'n i'n fabi bach, hwn dwi'n 'i gofio fwya – o'dd Mam 'di fy rhoi i mewn bath bach gwyn, ia Mam? Ac wedyn molchi fi'n lân!"

– "Ia, bath plastig bach," meddai Ann, "o'n i'n molchi chdi fel'na o flaen y tân."

Tyddyn bach digon syml, ar waelod y mynydd, oedd Gallt Derw, heb dai o'i gwmpas na phlant:

"Ac ar ôl inni fod yno am ddwy flynadd, dyma Taid yn deud, 'Mi ddyliach chi symud ŵan.' Oedd o'n ddigon hir ei ben. 'Ma Haf angen bod ymysg plant,' meddai Taid."

A dyna wnaed. Cafodd Ann ac Irfon hanes tŷ ar stad newydd, tua hanner ffordd rhwng taid Abram yn Llanaelhaearn a theulu

Irfon yn Nyffryn Peris, a dechreuon nhw baratoi i symud.

Roedd Haf yn prifio, ac Ann ac Irfon yn dechrau arfer fel rhieni ifainc: "Ar ôl i ni setlo lawr a derbyn be oedd wedi digwydd," meddai Irfon, "'nath y ddau ohonon ni addo i'n gilydd, 'dan ni'n mynd i fagu Haf yn union 'run fath ag unrhyw blentyn arall, a'i thrin hi fel unrhyw blentyn arall."

Ac felly yn 1973, dyma'r bennod nesa yn hanes Haf yn agor... yn y Bontnewydd, ger Caernarfon.

2

Y Bontnewydd

Yn 1973 symudodd y teulu bach i'r Bontnewydd, i dŷ ar stad Glanrafon, ynghanol nifer o deuluoedd ifainc eraill efo plant tua'r un oed â Haf:

– "Mi o'dd gen i Ceri... Helen Wyn... Bethan Jones... Sharon Meri a Sharon Lyn... O'dd 'na un ffrind dwi heb enwi, sef Aled Humphreys, o'dd o'n byw gefn wrth gefn i ni..."

– "Mi o'dd Taid Abram yn llygad ei le, chwara teg iddo," meddai Irfon. "O'dd o 'di gweld ymhellach na ni, doedd. Ar y stad, o'dd Haf yn cael digon o gyfla i gymysgu efo plant eraill, 'de. Ac mi o'dd hynny'n beth da iawn iddi achos roedd y plant yn cymryd ati a hitha'n cael cymysgu efo plant cyffredin, a thrwy hynny, 'dan ni'n grediniol bod Haf wedi dysgu lot oddi wrthyn nhw, 'de."

Haf ar garreg y drws yn y Bontnewydd, efo Nain Dinorwig

Roedd rheswm arall dros symud o'r tyddyn bach yn Llanaelhaearn i dŷ mwy – cyn hir, byddai'r 'teulu bach' yn tyfu'n fwy, fel yr eglurodd Ann:

"'Nathon ni benderfynu, wrth gwrs, y basan ni'n licio i Haf gael mwy o gwmni. Ac wedyn ddoth 'na hogan fach swnllyd o rwla, yn sgrechian y lle i lawr yn Ysbyty Dewi Sant ym Mangor.

'Dear me,' medda'r nyrs, 'this one's got a pair of lungs!' Wel, sôn am sgrechfeydd! Achos, mi o'dd Haf 'di cael ei geni'n hogan fach ddistaw, 'de, ddim yn crio na ddim byd felly."

Ganwyd Ffion, chwaer Haf, ar y 1af o Dachwedd, 1974.

"Ro'dd pob diwrnod wedyn yn ddiwrnod a hannar," meddai Ann, "wrth drio gneud efo'r ddwy! Ond o dipyn i beth, o'dd petha'n gwella, wrth gwrs, wrth i ni fynd ymlaen..."

Os oedd cael cwmni plant y stad yn hwb i ddatblygiad Haf, mantais fwy fyth iddi oedd y ffaith fod ei mam wedi cael ei hyfforddi fel athrawes babanod a chynradd.

Ffrindiau bore oes: (cefn) Aled, Linda (mam Nia a Caron), Caron, Ann: (blaen) Haf, Nia, Ffion

"Yn sicr, oedd hynny 'di bod yn help i Haf," meddai Irfon. "O'n i'n mynd i 'ngwaith a byddai Ann wrthi efo Haf adra, efo papur a phensal, 'de. Dysgu iddi sut i fedru sgwennu llythrenna, edrych a fedr hi sgwennu ei henw i ddechra. Ac oedd hi'n dŵad yn dda, 'de. Fyddwn i'n dod nôl o 'ngwaith, a Haf yn dod i 'nghwfwr i i'r drws efo darn o bapur, cystal â deud, 'dyma dwi 'di neud heddiw.'

Ac wedyn, o'n i'n gweld y datblygiad. Oedd 'na fwy o eiriau yn dod i'w brawddegau hi – 'mae hynny'n gynnydd' o'n i'n deud wrtha i fy hun. Mae'n rhaid bod hi'n berson bach, er bod hi'n Down's, yn *high grade*. Dyna oedd y term bryd hynny. Achos mi oeddan ni'n mynd â hi i Ysbyty Dewi Sant i weld arbenigwr arall wrth iddi ddatblygu, bob rhyw 6 mis i flwyddyn am gyfnod o tua tair blynadd, dwi'n meddwl. 'Nath hwnnw gyfadda bod Haf yn datblygu'n dda. 'Mae'n rhaid bo' chi'n gneud gwaith da yn y cartra efo hi,' medda fo. Oedd o wedi sylwi fod sgwrs Haf yn llawar gwell na phlant efo'r un cyflwr yn ei hoedran hi. Ac oedd ei hiaith hi'n dda, oedd hi'n siarad yn gywir ac yn glir."

Os oedd yr arbenigwr yn yr ysbyty'n gwerthfawrogi ymdrechion Ann, nid felly'r ymwelydd iechyd lleol:

- "Dwi'n cofio'r *health visitor* yn dod acw i'r tŷ pan oedd Haf yn dair blwydd oed. 'Dwi'm yn aros heddiw,' medda hi, 'dwi jest 'di dod i ddeud bod 'na le gwag i Haf yn ysgol Pendalar.' (Sef yr ysgol anghenion arbennig ar gyfer ardal Caernarfon.)

    Argol, doedd y peth 'rioed 'di cael ei drafod! Yn un peth, do'n i'm isio i Haf fynd i'r ysgol yn dair oed. O'n i isio iddi fod efo fi, o'n i isio cael gweithio dipyn efo hi nes fydde hi'n bedair, p'un bynnag. A dyma fi'n gofyn yn syn, 'Pwy sy'n deud,' medda fi, 'fod Haf yn mynd i'r ysgol yn dair oed?'

'O, ma'n beth da iddyn nhw fynd i'r ysgol yn dair oed,' medda hi.

C'mon, 'de. Doedd 'na'm trafodaeth 'di bod efo ni fel rhieni, do'dd o'm yn broffesiynol o bell ffordd.

'Dim diolch,' medda fi, 'dwi'm isio iddi fynd i nunlla.'

Ac ar ôl hynny, 'nes i deimlo, 'ydw i 'di gneud y peth iawn, ta be?' O'dd hynny dipyn bach yn anodd. Ond 'na fo, mi ddoth petha'n well, ac wedyn fuest ti'n mynd i'r ysgol feithrin, yn do Haf, ti'n cofio?"

– "Yndw, yn Groeslon."

– "Oeddan ni isio i Haf gael cymysgu efo plant eraill a doedd 'na'm ysgol feithrin yn y Bontnewydd ar y pryd, ond mi o'dd 'na un yn Groeslon. Wrth gwrs, oedd Ffion yn fabi bach newydd ei geni, felly fedrwn i'm mynd â Haf i Groeslon bob dydd 'lly, ond dyma Taid Gallt Derw yn deud, 'Mi a' i â Haf i'r ysgol yn Groeslon.' Ac mi o'dd o'n dŵad, bechod, dri bora'r wythnos i ddechra ac wedyn bob bora, i nôl Haf a mynd â hi i'r ysgol."

– "Ac weithia fydda fo'n dod â'i gi efo fo yn y car i mi gael 'i weld o!"

– "Ci defaid, wrth gwrs," meddai Irfon. "Ro'dd Taid Abram yn dipyn o giamstar ar rasys cŵn defaid!"

Aeth hyn ymlaen am dros flwyddyn, nes ddaeth hi'n amser i feddwl am yr ysgol nesa i Haf:

"Dwi'n cofio, gafon ni'n gwadd, Ann a finna, i fynd i Ysgol Pendalar, a chael taith drwy'r dosbarthiadau, a gweld be oedd y plant iau yn 'i neud, a be oedd y plant hŷn yn 'i neud

Haf yng ngwasanaeth yr ysgol, y Bontnewydd

wedyn. Pan ddaethon ni at ddosbarth lle oeddan nhw'n 8 i 10 oed, oeddan ni'n sylweddoli, argian, ma Haf yn gneud y petha yma'n barod, a doedd hi 'mond rhyw bedair neu bump ar y pryd.

Dyma ni'n penderfynu wedyn mynd i weld Ysgol Gynradd Bontnewydd, yr ysgol leol. A dyma'r prifathro, Mr Roberts, yn deud, 'Gymra i Haf, dim problam. Geith hi ddechra ym mis Medi.' Ac felna ddigwyddodd hi."

Athrawes gynta Haf yn yr adran babanod oedd Olwen Llewelyn:

- "O'dd hi'n berson arbennig iawn," meddai Haf. "Pawb wrthi'n gneud eu gwaith a dyma hi'n deud, 'Haf, dangos di dy waith i mi rŵan... sgwennu twt iawn!'"

- "Mi oeddach chdi'n sgwennu'n ddel ofnadwy pan oeddach chdi'n hogan fach," meddai Ann.

- " Diolch, Mam!"

- "O'dd Olwen a Haf wedi dod yn dipyn o fêts... a Haf wrth ei bodd 'i bod hi'n cael sylw mawr iawn ganddi, ac roedd y ddwy yn mynd rownd yr ysgol yn aml iawn, Olwen yn mynd gynta..."

– "... Fel y ddafad," meddai Haf yn gorffen y stori, "a minna wedyn ar ei hôl hi, fel oen bach!"

*   *   *

Roedd sawl canolbwynt i fywyd y pentre, heblaw'r ysgol wrth gwrs: adran yr Urdd, eisteddfod y pentre, y cárnifal a'r capel:

– "Ac mi oeddach chdi'n cael dy gynnwys yn bob dim, doeddachd?" meddai Ffion. "Ti'n cofio ni'n gorfod dysgu adnoda adra, ac wedyn oeddan ni'n gorfod mynd i'r sêt fawr a perfformio nhw o'r co?"

– "Yndw, ond mae o'n bell yn ôl, dydi!"

– "Ac wedyn fuon ni'n cystadlu yn Steddfod Bontnewydd yng nghapâl Siloam. Mi o'dd Mam yn cymryd gofal o bartïon canu a ballu bryd hynny..."

– "O'dd tad..."

– "A ti'n cofio'r gân actol 'nath mam ac Anti Linda sgwennu am Bontnewydd erstalwm...?"

– "Yndw! Fatha siopwr o'n i, 'de? Yn gwisgo ffedog Nain Gallt Derw."

– "O'dd 'na bobl yn dod atach chdi i brynu petha yn y siop, chdi o'dd tu ôl i'r cowntar."

– "Ia... ia, o'dd hwnna'n hileriys!"

Traeth Dinas Dinlle

Yn yr haf, bydden nhw'n mynd fel teulu am ddiwrnod i draeth Dinas Dinlle:

"Dad o'dd yn dreifio, ia? Ac oeddan ni'n cael mynd â phicnic efo ni a chael *swim* bach yn y dŵr, yndê Ffion?"

Ac weithiau roedd 'na dripiau o'r pentre ar fws i Butlins Pwllheli, heb anghofio wrth gwrs, y cárnifal bob haf ar gae'r ysgol:

Haf a Ffion yn barod ar gyfer Cárnifal Bont

"Ti'n cofio pan 'nathon ni wisgo i fyny i'r cárnifal?" meddai Haf. "O'dd 'na un yn frenhines a ninna tu ôl iddi? Os dwi'n cofio'n iawn, dy ffrind di..."

– "Nia, ia?"

– "Nia Edwards. Hi o'dd y brif frenhines. A ninna tu ôl iddi."

26

Un o uchafbwyntiau'r cárnifal oedd y gystadleuaeth gwisg ffansi. Byddai Ann wrthi'n brysur yn gwneud hetiau gwrachod, neu'n ailweithio hen ffrogiau i gyfleu pob math o gymeriadau gwahanol. Un flwyddyn, cafodd Haf wobr am ei gwisg:

"Madam Sera o'n i, efo'r cês glas a sgwennu arno fo... am 'i bod hi'n darllan ffortiwn..."

Gofynnais i, beth oedd ganddi yn y cês?

"'Nes i'm agor o, sti!"

Yn ystod y gaeaf wedyn, roedd cae'r ysgol yn gartref i un arall o uchafbwyntiau'r flwyddyn:

- "Oeddan ni'n cael tân gwyllt yno," meddai Haf. "Yr unig beth o'n i ddim yn siwr amdano efo tân gwyllt oedd y sŵn mawr."

- "Ti'n cofio chdi'n gwisgo'r myffs?" meddai Ffion. "I gadw dy glustia di'n gynnas, ond hefyd i flocio'r sŵn allan! Ac oeddach chdi wrth dy fodd efo'r *hot dogs*..."

- "A sôs coch!"

* * *

Roedd Ffion erbyn hyn wedi dechrau yn Ysgol Bontnewydd hefyd:

- "Er bod 'na dair blynadd rhyngthon ni, mi fuon ni o fewn yr un cyfnod yn yr ysgol gynradd, 'lly... Oeddan ni'n cicio pêl ar yr iard, doeddan? Ac mi o'dd 'na ryw *hopscotch* – o'dd 'na rywun 'di creu'r sgwaria ar yr iard – wedyn, o'n i'n mynd i chwilio amdanach chdi er mwyn i ni chwara ar hwnnw yn ystod amsar chwara..."

– "I ni gael rhyw *hop*, *skip* a *jump*, ia!"

– "A dwi'n cofio, pan fydda'r gloch yn mynd yn yr ysgol amsar chwara, fyddwn i bob tro yn mynd allan i'r iard a chwilio am Haf yn syth... o'n i'n neud o'n reddfol, jest i neud yn siŵr ei bod hi'n iawn... Oedd hi ar 'i phen ei hun, neu oedd 'na bobl o'i chwmpas hi? A dwi'n cofio, felly fuodd hi nes i Haf adal yr ysgol."

Er bod Ann ac Irfon yn amlwg yn falch fod Ffion yn gofalu am ei chwaer fawr, roedden nhw'n ymwybodol hefyd, petai'r ddwy yn aros yn yr un ysgol, gallai hynny ddatblygu'n broblem:

"Oeddan ni'n teimlo," meddai Ann, "os oedd hynny am gario mlaen, fasa fo 'di bod yn ormod o bwysa ar Ffion, achos oedd hi efo'i bywyd ei hun ac angen ffrindia 'run oed â hi'i hun... o'dd rhaid i ni gofio am Ffion hefyd, 'de."

Roedd Haf erbyn hyn bron yn wyth oed. Er ei bod hi yn gallu darllen cyn mynd i'r ysgol ac wedi dod i ysgrifennu'n reit sydyn wedyn, erbyn y cyfnod hwn, roedd ei chyflwr yn dechrau gwneud hi'n anoddach iddi gadw i fyny efo'r plant eraill, yn ôl Irfon:

"Ac mi gafon ni'n galw i weld y prifathro, a dyma fo'n deud, 'Dwi'n meddwl bydd rhaid i chi ystyried gneud rwbath efo Haf rŵan, achos ma hi'n cael ei gadal ar ôl dipyn bach.' Ac mi awgrymodd y prifathro y gallai Haf elwa o symud i'r uned arbennig yn Ysgol Maesincla gerllaw. 'Mae 'na arbenigwyr yno,' medda fo, 'a lot o blant efo anghenion dysgu yn mynd yno.' A dyna 'nathon ni. Ac efo help Maesincla o'dd hi'n dal i ddatblygu'n reit ddel, 'de."

Bu Haf yn yr uned yn Ysgol Maesincla o 1979 i 1981. Roedd 'na dacsi yn ei chodi hi bob bore o'r tŷ yn y Bontnewydd ac yn ei danfon hi'n ôl yn y prynhawn. A phan oedd Haf yn ddeg oed, cafwyd cyfarfod arall i benderfynu'r cam nesa iddi, efo prifathrawes yr uned ym Maesincla y tro hwn.

"Dyma hi'n deud," meddai Irfon, "'dwi'n meddwl bod hi'n werth ystyried anfon Haf rŵan, yn yr oed yma, i'r adran hŷn ym Mhendalar.' Roedd yr amsar yn iawn bellach. A dyna benderfynon ni neud, ei symud hi i fanno. Dyna o'dd y dewis iawn."

Roedd hyn yn dipyn o newid eto i Haf, ac yn gyfnod newydd arall i'r teulu, ond roedd cefnogaeth pobl y Bontnewydd yn gysur mawr iddynt yn ôl Irfon; fel yn yr enghraifft hyfryd hon:

"Byddwn i'n mynd bob hyn a hyn efo cymydog i mi i glwb Fron Dinas tu allan i'r Bontnewydd ar nos Wenar, ac mi fydda 'na griw ohonon ni'n cael sgwrs rownd y bwrdd yn fanno. Ac mi o'dd 'na hen fachgan o'r enw Gwynfa yno'n rheolaidd. Daethon ni'n dipyn o ffrindia, ac mi fydda fo'n gofyn yn amal, 'sut mae'r hen hogan fach, 'te?'

Ac o'dd o'n arddwr reit dda, a rhyw fora Sadwrn dyma fi'n clywad sŵn traed yn dod i fyny'r dreif yn y Bontnewydd. Pwy oedd o ond Gwynfa, efo bag llysia o'r ardd yn bresant i ni. 'Ty'd i'r tŷ, Gwynfa,' meddwn i, a dyma fo'n ista yn y lownj ac Ann yn neud panad iddo.

A phwy ddoth ond Haf, wrth gwrs, yn wên i gyd, a dyna lle oedd hi, yn ista ar lin Gwynfa, a'r ddau yn chwerthin ac yn sgwrsio. Wel, dyna fo, mi ath yr hen Gwynfa, ar ôl gorffan ei banad. Ond ymhen rhyw chydig o wythnosa ddois i ar ei draws o wedyn.

Dyma fo'n deud, 'Ew, mi 'nes i fwynhau'n hun acw efo'r hen hogan fach,'

'O, do?' medda fi.

'Ma hi'n un hapus braf,' medda fo.

'Yndi,' medda fi, 'ma hi'n ryw graduras fach felna, ac yn groesawgar efo pawb.'

A dyma fo'n deud 'tha fi, 'Dwi'n cofio ni'n cael sgwrs yn Fron Dinas ac oeddach chdi'n ddigon poenus ynglŷn â'r sefyllfa.'

'Wel, o'n,' medda fi, 'yn naturiol.'

'Wel,' medda fo, 'dwi 'di cael sgwrsio tipyn efo'r hogan fach, a gwranda di be dwi'n ddeud 'tha ti rŵan. Sgen ti'm byd i boeni amdano. Rhyw ddiwrnod ma'r hogan fach yna'n mynd i neud rwbath allan o'i bywyd, ella na fydda inna'n byw i weld hynny, ond dwi'n gobeithio y byddi di, a byddi di'n browd ohoni. Felly paid â phoeni dim amdani.'

Ac wrth gwrs 'mhen blynyddodd, mi ddoth ei eiria fo'n wir. Ond chath yr hen gradur ddim gweld ei llawn botensial hi, 'de. Ond diolch byth, mi gafon ni. Mi gofia i hynny am byth."

3
Ysgol Pendalar

Dechreuodd Haf yn Ysgol Pendalar, Caernarfon yn 1981. Yr un oedd y drefn o ran mynd yno ag ym Maesincla, sef tacsi yn ei chodi bob bore a'i danfon 'nôl yn y prynhawn – ond sut wnaeth Haf ymdopi efo'r môr o wynebau newydd sy'n dod i'n rhan ni i gyd wrth newid ysgol?

> "Wel... do'n i'm yn 'u nabod nhw'n iawn ar y dechra. Dwi'n siŵr oeddan nhw'n wahanol i fi... Ond wedyn... o'n i'n nabod nhw'n iawn wedyn, 'de."

Un peth oedd yn sicr o fantais i Haf wrth setlo yn ei chynefin newydd oedd ei natur gyfeillgar. Pan ofynnais i iddi a oedd ganddi hoff bwnc yn yr ysgol,

> "O, cwestiwn da," atebodd. "Peth gora fi, dwi'n meddwl, oedd bod yn ffrindia efo pawb."

* * *

Peth arall oedd yn gymorth i Haf wrth ddechrau yn Ysgol Pendalar oedd y blynyddoedd oedd hi wedi eu cael yn y system addysg brif ffrwd.

– "Er bod Haf efo Down's," meddai Irfon, "o'dd hi dal wedi dysgu mwy, ac wedi cael ehangu dipyn bach mwy. O'dd Catherine Jones, y brifathrawes, wrth ei bodd yn cael Haf yno. Ac o'dd Haf o help i blant erill. Ond o'dd Haf yn cael dysgu lot ym Mhendalar yn yr oed yna ac roedd 'na athrawon da iawn, iawn yno."

– "Chwara teg," meddai Ann, "mi fuon nhw'n dda efo hi. Oeddan nhw'n gweld be oedd ei gofynion hi, a be oedd ganddi hi i'w gynnig hefyd 'de. 'Nath o weithio'n dda iawn, oedd 'na gymdeithas glòs yna, 'de."

Ac yn 1982, yn ystod ei blwyddyn gyntaf yn Ysgol Pendalar, cafodd y gymdeithas glòs yna – a Haf fel symbol ohoni – ei hanrhydeddu'n genedlaethol. Haf oedd 'Cymraes y flwyddyn'! Gofynnais iddi sut oedd hi wedi cael ei dewis:

"Wel, digwydd bod, mae'n stori hir, ond wna i ei deud hi'n syml iawn! Rhaglen Hywel Gwynfryn oedd hi, *Helo Bobol*. Ac wedyn 'nath Wendy Richards enwebu fi ac Ysgol Pendalar."

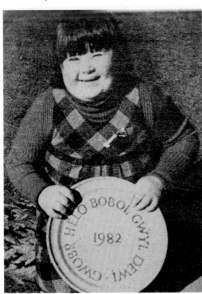

Haf – Cymraes y Flwyddyn, 1982

Eglurodd Ann fod rhaglen *Helo Bobol* ar Radio Cymru wedi cynnig gwobr i'r sawl fyddai'n sgwennu'r llythyr gorau yn enwebu pwy bynnag yn eu meddwl nhw oedd yn haeddu'r teitl 'Cymro neu Gymraes y flwyddyn'. Mae'n debyg fod pobl wedi ysgrifennu at *Helo Bobol* yn cynnig enwau Dafydd Wigley, Dafydd Iwan a hyd yn oed cyflwynydd y rhaglen ei hun, Hywel Gwynfryn.

Ond pan gyhoeddwyd y canlyniad ar ddydd Gŵyl Ddewi, Haf Thomas a'i chyd-ddisgyblion yn Ysgol Pendalar a ddewiswyd.

"O'dd Mrs Wendy Richards o Gastell-nedd," meddai Ann, "wedi sgwennu llythyr arbennig o neis yn egluro mai Haf oedd y person oedd wedi neud y mwya o argraff arni hi."

Yn ei llythyr, datgelodd Mrs Richards mai eitem ar y rhaglen nosweithiol *Heddiw* dros y Nadolig oedd wedi ei hysbrydoli. Bu'r gohebydd Richard Morris Jones yn ymweld ag Ysgol Pendalar ac roedd wedi holi nifer o'r disgyblion yno, gan gynnwys Haf. "Roedd yr eitem," meddai Mrs Richards yn ei llythyr, "wedi achosi tristwch imi yn y lle cyntaf." Ond wrth iddi wylio'r plant, cafodd ei llonni: "yn enwedig pan roddodd Haf glamp o sws i Richard Morris Jones!"

Mewn ymateb, dywedodd prifathrawes Ysgol Pendalar, Mrs Catherine Jones, ei bod hi'n falch i Mrs Richards 'deimlo ein hapusrwydd ni yma. Dyna yw holl nod Ysgol Pendalar, creu yr hapusrwydd hwn, a fedrwch chi ddim peidio â bod yn hapus, wedi bod yng nghwmni'r plant yma.'

Derbyniodd Haf blât ar ran yr ysgol, gyda'r geiriau 'Gwobr Helo Bobol Gŵyl Ddewi 1982' arni; a gwobr Mrs Richards oedd set o lestri te'r rhaglen. Gwerthwyd rheini mewn ocsiwn ganddi wedyn, ar raglen radio Gari Williams, gan godi swm o £152, a rhoddodd hi hwnnw i Ysgol Pendalar.

Ac er na chafodd Haf gyfle y tro hwnnw i gyfarfod â Hywel Gwynfryn, wnaeth o ddim anghofio amdani:

– "'Nath o ddod acw i Ysgol Pendalar i agor y Ffair Ha' ar ôl hynny... ac wedyn ges i a Melfyn Parry a chriw o'r ysgol fynd lawr i Gaerdydd i ddathlu pen-blwydd Hywel... pum deg o'dd o, ia?"

Melfyn Parry a Haf ym mharti Hywel Gwynfryn

- "Ia, o'dd 'na lond mini bỳs ohonon ni wedi mynd lawr," meddai Ann.

- "A ges i gyfarfod â Huw Llywelyn Davies... Ray Gravell... Idris Charles... a Magi Post o *Pobol y Cwm*. O'dd hi'n noson fythgofiadwy!"

Doedd dim byd yn anghyffredin mewn cael criw o rieni a theuluoedd yn mynd i gefnogi'r disgyblion mewn gwahanol ddigwyddiadau, yn ôl Ffion:

- "O'dd Pendalar yn ysgol brysur – yn cynnal lot o ffeiria ha', ffeiria Dolig, sioea, cyngherdda. Oeddan ni'n mynd draw yn eitha rheolaidd a phawb fel rhyw un teulu mawr. O'dd rhieni pawb mor gefnogol ac o'dd 'na lot yn mynd ar y bysys i'r steddfoda ac i ba bynnag ddigwyddiad oedd ymlaen efo'r ysgol..."

– "Oeddan nhw'n amseroedd difyr iawn, doeddan," cytunodd Ann.

* * *

Ond beth oedd y drefn yn yr ysgol ei hun? Rhyw drigain o ddisgyblion oedd yn yr ysgol yn y cyfnod hwnnw yn ôl Ann, gyda phrifathrawes, dirprwy...

"A rhyw 6 neu 7 o athrawon, a nifer o gymorthyddion wedyn. Da oeddan nhw hefyd! Ti'n cofio nhw, Haf?"

"Yndw. O'dd gen i Enid... Colette... Nesta mam Bryn Terfel... ac Alma."

Ond er bod Haf yn falch o gael help ganddynt, yn aml iawn dim ond mater o gael ei rhoi ar ben ffordd oedd hynny, fel y dywed ei hun:

"O'dd rhaid i mi gael help efo be o'n i fod i'w neud... ond fel o'n i'n mynd ymlaen, o'n i'n gwbod sut i'w neud o fy hun wedyn."

Ac weithiau roedd yr athrawon a'r cymorthyddion yn gofyn i Haf helpu'r plant eraill oedd yn yr un grŵp â hi, efo rhyw waith newydd; ond roedd Haf yn fodlon dysgu gan ei chyd-ddisgyblion hefyd:

"O'dd Nicola yn gweu dwi'n siŵr, o'dd rhywun wedi dysgu hi sut i neud... Ac wedyn, hi 'nath ddysgu fi i weu."

Nicola Vaughan Parry oedd ffrind gorau Haf yn Ysgol Pendalar:

Haf a Nicola – yn ffrindiau ers dyddiau Pendalar

"Ma hi'n berson sbesial iawn. Ma hi'n byw yn Neiniolen a 'dan ni'n dal yn ffrindia mawr hyd heddiw."

Ac roedd pwyslais yn yr ysgol ar feistroli sgiliau ymarferol yn ogystal â sgiliau academaidd. Ceisiodd Haf gofio pa fath o bethau oedden nhw'n ei ddysgu i goginio:

- "W, dwi'n mynd yn ôl 'ŵan... cawl dwi'n meddwl 'nathon ni neud, ia, cawl cennin..."

- "O'n i'n mynd i ddeud," ychwanegodd Ann, "achos ma'r *recipe* yn dal gen i!"

- "A dwi'n cofio un o'r athrawon yn dod ata i, i neud yn siŵr bo' fi'n 'i droi o'n iawn... ac ma raid i fi ddeud y stori yma," meddai Haf, gan fynd ar drywydd newydd. "Digwydd bod, yn Pendalar oeddan ni'n cwcio, doeddan. Ac wedyn, un tro, dwi'm yn siŵr iawn be oeddan ni'n gwcio, ond o'dd isio cael rhyw gynhwysion i fynd at y coginio.

Felly pan oedd pawb yn gneud eu gwaith, 'nathon nhw ddeud 'tha fi: ''Dan ni'n gyrru chdi... i ti ddysgu mynd dy hun,' ac mi 'nes i fynd i lawr i Gaernarfon ar ben fy hun bach... mynd i nôl petha, a mynd â nhw 'nôl fyny i'r ysgol.

– "Do, dwi'n cofio!" meddai Ann, "dwi'n cofio chdi'n mynd... oeddach chi'n cael eich dysgu'n dda iawn sut i fynd i siopio..."

– "Ac wedyn 'nes i gerddad yn ôl i fyny efo'r bagiad, yn ôl i'r ysgol... oedd o'n bwysig bo' fi'n mynd ar ben fy hun..."

* * *

Roedd cerddoriaeth yn boblogaidd iawn ym Mhendalar hefyd, a'r ysgol yn gefnogol iawn i'r cystadlaethau yn Eisteddfod yr Urdd ar gyfer ysgolion arbennig:

"Roedd 'na un gystadleuaeth oeddan ni'n neud yn amal," meddai Haf. "W, dwi'm yn gallu deud y gair yn iawn... mae o'n air hir... 'cerddoriaeth creadigol'! Hwnnw o'n i'n methu'i ddeud!"

Dangosodd Haf lun yn ei halbwm o Ysgol Pendalar ar ôl ennill y gystadleuaeth honno yn Eisteddfod yr Urdd yr Wyddgrug, 1984, a'r merched mewn sgertiau gwyrdd a thopiau gwyn:

"Ac mi gafodd Nicola a fi'r fraint o gerddad ar y llwyfan mawr i dderbyn y tlws ar ran yr ysgol. Gwobr gyntaf i'n hysgol ni! Wna i fyth anghofio."

Eisteddfod yr Urdd, 1984 – Haf a Nicola sydd heb y coleri cochion

Ond cafodd Ysgol Pendalar lwyddiant yn yr Eisteddfod sawl gwaith yn ystod y blynyddoedd y bu Haf yno.

"Arfon Wyn o'dd yn arwain ni i ddechra," meddai Haf, "ac Alma Davies wedyn... a Janice Jones yn chwara piano..."

Ond nid un o'r criw oedd yn chwarae offerynnau oedd Haf:

"Llefaru o'n i... ac yn deud y stori, 'de. A dwi'n cofio un tro oeddan ni'n neud un am 'Dan y Môr' a finna'n goro deud, 'malwod... sliwod... slebog' – O, na, ddim hwnna o'dd o!" chwarddodd Haf gan gochi. "*Delete* i hwnna, plis!!
``` 'Malwod, sliwod a *slefrod*', dyna fo! O'dd hwnna'n un da. Ac o'n i'n llefaru, 'Clywch y môr yn sgwrio'r glannau, ac yn torri ar y creigiau' – 'mond hynny dwi'n gofio."

– "Ond argol, mi *o'dd* hwnna'n un da," cytunodd Ann, "... ac
```

oedd 'na sŵn offerynnau'n dod i fewn wrth i chdi ddeud y geiriau, doedd. Mewn ffordd, oeddach chdi'n ryw fath o arwain y peth, achos oeddan nhw'n ymateb i be oeddach chdi'n ddeud."

Roedd thema wahanol i'r cyflwyniad bob blwyddyn:

– "Ar ôl 'Dan y Môr'," meddai Haf, "'nathon ni 'Wil Cwac Cwac'..."

– "O ia! A'r sŵ neu'r syrcas neu rwbath wedyn, 'de!" ychwanegodd Ann.

Yn ogystal â chystadlu mewn Eisteddfodau'r Urdd roedd Ysgol Pendalar hefyd yn cymryd rhan yng Ngemau Arbennig Cymru yng Nghwmbrân, yn erbyn ysgolion anghenion arbennig eraill. Yn 1990, bu criw *Hel Straeon* yno'n eu ffilmio nhw, a gofynnwyd i Haf ddweud gair i groesawu pawb ar ddechrau'r gemau:

"Doedd hi'm ofn llwyfan!" meddai Irfon. "Wrth gwrs, mi o'dd o'n help bod hi 'di cael cymryd rhan mewn eisteddfoda a ballu, efo Pendalar, a chyn hynny."

Ymlaen wedyn i'r cystadlaethau, ac yn ddiweddarach y diwrnod hwnnw bu Haf yn rhedeg yn y ras can medr:

Haf a'i medalau o Gwmbrân, 1990

"'Nes i ddod yn bedwerydd yn anffodus, ac ar ôl croesi'r lein ddwytha, ddaru 'na rywun siarad efo fi... 'Sut ath bob dim?' Dwi'n cofio hynny! Gwyn Llewelyn! O'n i allan o wynt, o'n i methu siarad yn iawn! O'dd o ar y teledu a bob dim, doedd!"

* * *

Roedd cyfnod Haf yn Ysgol Pendalar yn un llewyrchus iawn:

- "O'n i wrth fy modd yno, meddai Haf, ac roedd y staff a'r athrawon i gyd yn arbennig iawn."

- "Oeddan wir," meddai Ann, "a titha 'di cael pob math o brofiada yno, ac wastad yn flaenllaw yn be bynnag oeddach chdi'n cymryd rhan ynddo fo. Dwi'n meddwl bod hynny wedi cario mlaen efo Haf hyd heddiw. Ma hi wrth ei bodd os ydi hi ar flaen y gad yn neud bob dim!"

Ond erbyn 1990, roedd cyfnod Haf yn yr ysgol yn dirwyn i ben.

"O'dd pawb yn gorfod gadal Ysgol Pendalar yn 19 oed beth bynnag," meddai Ann, "felly oedd 'na baratoi ar gyfar hynny. Oeddan ni'n cael cyfarfodydd, ac mi ddoth 'na gynnig i Haf gael mynd i goleg Pencraig i ychwanegu sgiliau swyddfa at be oedd hi 'di'i gael yn Pendalar mewn ffordd, 'de – fel y gallai hi gael gwaith wedyn."

Cawn weld yn y man sut aeth ei blwyddyn hi yn y coleg a sut yr aeth hi wedyn i fyd gwaith. Ond yn gyntaf, rhaid ystyried newid arall yn ei bywyd a ddaeth pan oedd hi'n ddeuddeg oed. Roedd y teulu wedi symud o'r Bontnewydd i dyddyn ym Mhontrug, a hwn fyddai cartref Haf a'i rhieni am y tri deg chwech o flynyddoedd nesa!

4
Buarthau, Pontrug

Roedd Ann ac Irfon ill dau wedi eu magu ar dyddynod – felly pan ddaeth cyfle yn 1983 i gael hen dŷ efo chydig o dir o'i gwmpas, wnaethon nhw neidio at y cyfle, gan dybio y byddai hynny'n brafiach i'w merched.

> "O'n i wrth fy modd yn byw yn Buarthau," meddai Haf. "Deuddeg oed o'n i, a naw o'dd Ffion pan 'nathon ni symud o'r Bontnewydd."

Roedd Haf wedi dechrau ym Mhendalar yn barod; a gan nad oedd Buarthau ond rhyw 4 milltir o'r Bontnewydd, cafodd Ffion aros efo'i ffrindiau yn Ysgol Bont ac yna mynd yn ei blaen efo nhw wedyn i Ysgol Syr Hugh Owen yng Nghaernarfon.

Roedd digon o le i chwarae yno, ac i gael tân gwyllt yn yr hydref:

> "O'n ni'n cael lot o hwyl yn casglu coed a briga i neud coelcerth... a bydda Mam yn paratoi *burgers* a chŵn poeth a bydda teulu a ffrinda'n dod draw i gael hwyl, a'n cymdogion ni o dros y ffordd yn Sŵn y Gwynt..."

Ac roedd digon o le i gael hwyl yn y gaeaf hefyd:

> "Adag yr eira mawr, 'nath Dad slej bob un i Ffion a fi, ac oeddan ni'n cael oria o hwyl yn slejo i lawr cae ffrynt ac adeiladu dyn eira gwerth ei weld!"

Haf a Ffion yn yr eira

Gan fod cae ganddynt, roedden nhw'n medru cadw anifeiliaid hefyd, a dros y blynyddoedd cafwyd defaid, hwyiaid, *Shetland ponies*, a mul o'r enw Sali! Ac roedd symud i Buarthau wedi galluogi Irfon i ddilyn un o ddiddordebau mawr ei dad yntau, Robert Hugh, a dechrau bridio ieir, a'u dangos mewn sioeau:

"Mi fuodd Dad yn reit lwyddiannus yn y sioea dros y blynyddoedd," meddai Haf, "ac o'dd gynno fo gasgliad reit fawr o gardia coch a chwpana!"

Mi gododd Irfon sied bwrpasol i'r ieir yn y cae o dan y tŷ ac roedd nifer o gytiau bach ganddo hefyd. Roedd Haf yn helpu weithiau i roi bwyd a dŵr iddynt, ond ar y cyfan, yn ôl Irfon:

"Doedd hi'm yn cymryd llawar iawn o ddiddordab, na. Ond fydda hi'n cymryd diddordab pan fydda hi'n 'y ngweld i'n 'u golchi nhw yn y tŷ."

Cyn mynd i ddangos ieir mewn sioe, roedd rhaid eu paratoi!

"O'dd gen i focs o'n i'n ddefnyddio i fynd i'r sioea 'ma ac oedd 'na *compartments* yn y bocs. Fyddwn i'n dŵad â nhw fesul rhyw 4 gan amlaf. Mi o'dd gen i le allan i'w golchi nhw'n iawn, tu allan i'r tŷ, ac o'n i'n mynd â nhw i'r tŷ wedyn, i neud y *finishing touches*, os lici di. O'n i'n rhoi nhw i sefyll ar y sinc, yn yr *utility* bach o'dd gynnon ni, a weithia bydda Haf yn tynnu'u llunia!"

Ond pan oedd y merched yn ddigon hen i Ann ac Irfon fynd i ffwrdd am noson neu ddwy, gyda theulu Irfon yn cadw golwg arnyn nhw, byddai gofyn i Haf a Ffion ofalu am yr ieir:

"Peidiwch â sôn wir!" meddai Haf. "Gofies i un noson bo' fi heb roi dŵr iddyn nhw, ac er ei bod hi'n dechra twllu, dyma gychwyn allan ac mi faglis i a cholli'r dŵr drosta i i gyd, a phawb yn chwerthin am fy mhen i!

'Chwerthwch chi,' medde fi, 'ond fedra i ddim!'"

A dyna ymadrodd sydd wedi mynd yn rhan o chwedloniaeth y teulu ers hynny! Ond yr hoff anifeiliaid yn Buarthau oedd y cŵn. Cafwyd sawl un i ddechrau, yn ôl Haf:

"... Siani... yna Meg a Patch... ond o'dd Ffion a fi wrth ein bodda'n gwylio cyfres *Lassie* ar y teledu, a 'nath Ffion berswadio Dad i gael Pero iddi!

Irfon ac Ann sy'n ymhelaethu:

– "O'dd Ffion yn licio cŵn erioed, doedd Ann? Ac o'dd hi 'di cyrradd Steddfod yr Urdd Bethesda, y genedlaethol..."

– "... Yr alaw werin dan ddeuddeg, 'Deryn y Bwn o'r Banna'..."

– "... A dyma hi'n gofyn imi ryw ddiwrnod, 'os wna i ennill yn Bethesda, ga i gi fel Lassie?'

"O cei,' medda fi. O'n i'n ffyddiog na fasa hi'n ennill! 'Cei tad,' medda fi. 'Na fo, oedd yr hen hogan wrth ei bodd, doedd!"

– "A dyma'r canlyniad yn cyrradd," meddai Ann, "ac o'n i yng nghefn llwyfan efo hi. 'Yn drydydd...' hon a hon, 'yn ail...' hon a hon, 'ac yn gynta, Ffion Orwig'! Yn Steddfod Genedlaethol yr Urdd! A dyma hi'n troi ata i cyn iddi fynd ar y llwyfan a deud: 'Wrach ga i ddau gi 'ŵan!' A dyma hi ar y llwyfan i ysgwyd llaw ac i gael ei gwobr. O, 'ngenath i, ma'r co' yna un o'r rhai gora erioed sgen i o Ffion!"

– "Ond mi 'nath hi ganu'n dda, oedd hi'n haeddu, 'de. Ac mi es i draw i Gaer i nôl Pero wedyn."

– "Ond chafodd hi'm dau, 'de!

Ond wrth i Pero fynd yn hŷn, a'r teulu ddim eisiau bod heb gi ar ôl iddo fynd, yn 1996 daeth Siôn y labrador:

– "Fy nghi bach i! O'dd o wrth ei fodd yn cael swsys a mwytha," meddai Haf.

Haf oedd wedi cael dewis y tro hwn, a dewisodd yn dda, fel y tystiodd Irfon:

– "Ma gen i gŵn 'di bod ers yn blentyn achos oedd gynnon ni dyddyn adra. Ond Siôn, rhaid mi gyfadda, oedd y ci gora. Ofnadwy o gall."

– "Be o'n i'n licio fwya," meddai Haf, "pan o'n i'n dod adra o 'ngwaith, mi fydda Siôn yn dod i lawr i nôl fi at y bỳs yn y giât, i 'nghroesawu i adra. Bydda fo'n ista'n disgwyl amdana i. O'dd o'n dda hefyd am nôl y post."

– "Argol oedd. O'dd o'n gweld y postmon wrth y giât, 'dos i nôl y post, Siôn!' ac i ffwr â fo... y postmon yn rhoi'r llythyra i'w geg, a dyma fo fyny 'nôl. O'dd o'n gi call ac yn addfwyn ofnadwy."

Ffion efo Pero

Ac er iddo orfod cael triniaeth fawr i dynnu ei *spleen*, cafodd fyw yn reit hen:

"Pan o'n i'n neud cardia wrth y bwrdd," meddai Haf, "fasa fo'n sbio i fyny arna i a gweld bo' fi wrthi. Ac os o'n i'n ista ar lawr, o'dd Siôn yn licio ista ar 'y nglin i, 'de. Felly o'dd o'n neud."

Siôn yn 12 oed, 2008

Tipyn o dristwch i Haf a'r teulu i gyd oedd colli Siôn... a chafwyd un ci olaf, Celt:

"Un gwyllt o'dd o, llawn bywyd," meddai Haf. "Doedd na'm dysgu arno fo, 'de! Ond o'dd o'n annwyl iawn. Ac maen nhw i gyd yn dod yn rhan fawr o'ch bywyd chi, tra maen nhw efo chi..."

Haf a Celt

* * *

Rhywbeth arall oedd yn rhan fawr o fywyd Buarthau oedd cadw
cysylltiad efo gwahanol aelodau o'r teulu.

"Bydden ni'n mynd i weld Yncl Emlyn, brawd mam, ac Anti
Gwyneth, ym Morfa Nefyn... a bydden ni'n mynd i
Ddinorwig, i weld Taid a Nain Thomas. Bydda Nain 'di
paratoi te bendigedig i ni, a Taid yn gwylio reslo ar y teledu
yn y parlwr ffrynt, a Siani'r ci bach yn ei wasgod!"

Wrth i Taid Gallt Derw fynd yn hŷn, byddai yntau'n dod i aros
yn amlach dros y penwythnos, naill ai efo Emlyn a Gwyneth
ym Morfa Nefyn, neu efo Ann ac Irfon yn Buarthau. Ac yn 1984
gwerthwyd Gallt Derw, a symudodd Taid Abram at Ann ac
Irfon i fyw, yn y bwthyn bach unllawr oedd yn sownd yn eu tŷ.
Roedd yn reit annibynnol o hyd, yn licio mynd i *whist drives*, ac
roedd Haf ac yntau'n dipyn o ffrindiau:

"Dwi'n cofio pan fyddwn i'n dod adra o'r ysgol, byddwn i'n
mynd drws nesa i gael sgwrs efo Taid bob dydd, a be fydda'n
disgwyl amdana i o'dd panad a bechdan *corned beef*."

Yn anffodus, aeth Abram Jones yn wael ym mis Tachwedd 1987:

"Doedd o ddim 'di bod yn teimlo'n dda ers rhai dyddia, a
dwi'n cofio Mam a Ffion yn ffonio i holi sut o'dd o pan
oeddan nhw ar eu ffordd adra o'r Ŵyl Gerdd Dant yn
Aberhonddu."

Bu farw'n oriau mân y bore canlynol:

"Dwi'n colli ei gwmni. Mi 'nes i ddysgu lot ganddo, a dwi'n

falch iawn fod o wedi medru dod aton ni i Lanrug. Diolch am bob dim, Taid Abram..."

* * *

Teulu o bedwar oedd teulu Buarthau unwaith eto ar ôl colli Taid, ac felly y bu tan 1998 pan benderfynodd Ffion dderbyn gwaith yng Nghaerdydd. Roedd hi wedi gwneud blwyddyn o gwrs gweinyddol ym Mangor, ac yna bu'n gweithio am bedair blynedd efo cwmni cynhyrchu Ann Fôn yng Nghaernarfon, cyn cael cynnig swydd fel Ysgrifenyddes Adran y Gymraeg ym Mhrifysgol Caerdydd:

"Oedd, oedd hwnnw'n newid mawr iawn, a deud y gwir," meddai Ffion. "Achos o'n i'n fy ugeinia cynnar a ddim 'di profi annibynniaeth tan yr adag yna, a do'n i'm yn gwbod sut fyswn i'n setlo... na sut fasa Haf ella yn delio efo'r newid, bo' fi ddim adra bob dydd fel o'n i 'di bod tan hynny... o'dd y misoedd cynta'n reit anodd, ond o dipyn i beth, mi 'nes i setlo wedyn... ac mi ddiflannodd y blynyddoedd i rwla, carlamu heibio!"

Arhosodd Ffion yng Nghaerdydd tan 2021. Ar ôl y brifysgol, bu'n gweithio fel ysgrifenyddes yn HTV, cyn

Haf a Ffion

47

symud i'r BBC; ac ar ôl cyfnod fel ysgrifenyddes i'r diweddar Aled Glynne Davies, bu'n gweithio wedyn fel cynorthwydd cynhyrchu yn yr adran rhaglenni cyffredinol. Roedd gweddill y teulu'n mwynhau cael mynd lawr ati ym mhrysurdeb Caerdydd!

- "Oeddan ni'n mynd reit aml, doeddan?" meddai Ann.

- "Oeddan," meddai Haf, "ac yn aros efo Ffion. Ac yn mwynhau bod efo'n gilydd, o'dd gynni hi le braf i fyw yno."

- "Ac o'dd hi reit braf dod adra hefyd, o'n i'n meddwl!" chwarddodd Ann.

- "O'n i'n mynd i ddeud hwnna 'ŵan!" meddai Haf. "Braf cael dod adra hefyd."

* * *

Adra mae Haf yn licio bod. Mewn cyfweliad yn Buarthau yn 2013, dywedodd na fyddai'n dymuno byw ar ei phen ei hun:

"I fi ma o'n grêt i fyw yma, a deud y gwir 'tha ti – dwi'n licio bod adra efo'r teulu..."

Ac mae'n mwynhau helpu ei mam, ond ar ei chyfaddefiad ei hun,

"Yn y gegin... be dwi'n medru'i neud ydi golchi'r llestri... pan ma Mam yn cwcio, dwi yna iddi... i olchi'r llestri!"

Mae smwddio'n apelio mwy:

"Dwi'n gneud crysa, mynd o gornal i gornal, cefn wrth gefn
a ffrynt... a'r llewys ia... dy'n nhw'm yn hawdd..."

Dyma gipolwg ar fywyd Haf adra. Ac o 1983 hyd 2019, 'adra'
oedd Buarthau. Hwn oedd y tŷ fyddai'n gefnlen i'r rhan fwyaf
o'r penodau sy'n dilyn yn y llyfr hwn; dyma'r lle y byddai Haf
yn rhoi ei phen i lawr ar ôl diwrnod prysur yn ei gwaith, neu
wrth godi arian at achosion da...

... ond cyn inni gamu mlaen yn rhy bell, mae'n bryd inni rŵan
fynd yn ôl i'r flwyddyn 1990, i gael hanes sut aeth Haf o fyd
addysg, i fyd gwaith...

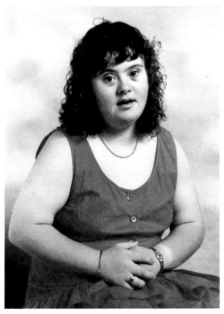

Haf yn 18 oed

5
Coleg, a dechrau gweithio

Haf yn dechrau dysgu teipio, 1989

Yn haf 1989, cyn gadael Ysgol Pendalar, roedd Haf wedi cael mynd yn rhan-amser i wneud cwrs yng Ngholeg Technegol Bangor:

> "Dysgu teipio o'n i," meddai Haf, "... a sgiliau swyddfa, ffeilio llythyra a ballu."

Ar y cwrs, dysgodd Haf sut i gadw teipiadur yn lân, sut y dylid rhoi trefn ar lythyr busnes, a sut i deipio ar ffurflenni *pre-printed*, ymhlith pethau eraill.

Un profiad newydd arall a gafodd o fynd yno oedd teithio ar fws coleg. Roedd y bws yn dod o gyfeiriad Pen Llŷn, gan godi myfyrwyr ar hyd y ffordd, ac roedd Haf yn dod arno ym Mhontrug. Doedd Haf ddim yn adnabod neb i ddechrau – ond yn fuan iawn newidiodd hynny.

Haf a Nia Jane ('yr hogan glên'!)

"Dyna sut ddoth hi a Nia Jane yn gymaint o ffrindia," meddai Ann, "cyfarfod ar y bỳs coleg. Ma Haf yn medru cymdeithasu efo rywun; ma hi 'di bod felly erioed...

Un o Abererch oedd Nia Jane Owen. "Mae'n gymeriad!" meddai Haf. "A 'dan ni dal mewn cysylltiad hyd heddiw."

"Wrth gwrs," ychwanegodd Ann, "oedd 'na rai hogia ar y bỳs oedd yn ei thrio hi allan, 'de; mi o'dd Haf yn deud am hynny – cynnig sigaréts iddi a ballu – ond o'dd hi'n ddigon o foi i wrthod. O'dd o'n rhan o'i datblygiad hi, doedd, i betha felna ddigwydd."

Yn 1990, wrth gyrraedd ei phen-blwydd yn 19 oed, cafodd Haf gynnig mynd i wneud cwrs pellach mewn gwaith ymarferol swyddfa yng Ngholeg Pencraig, Llangefni.

"Basat ti wedi cael aros ym Mhendalar am ychydig yn

hirach," meddai Ann, "ond doeddan ni ddim yn gweld llawar o bwrpas i hynny, felly aethon ni am yr opsiwn dy fod ti'n cael addysg bellach, efo petha oeddat ti'n dda yn eu gneud, darllan a sgwennu... a dysgu teipio, wrth gwrs."

Ar ôl cwblhau ei chwrs yng Ngholeg Pencraig, cafodd Haf dystysgrif, ac wrth iddi ddod at ddiwedd ei chyfnod yn y system addysg, daeth at sylw Menai Thomas a chwmni Agoriad:

"Cwmni elusennol eitha newydd oedd Agoriad," meddai Menai. "Dwi'n mynd 'nôl dipyn rŵan achos dwi 'di ymddeol ers ugian mlynadd! Ond ein nod ni o'dd rhoi cyfla i bobl efo anawstera dysgu, anabledda neu salwch meddwl... O'dd hyn yn rhan o strategaeth reit flaengar o'dd yn cael ei hariannu gan y Swyddfa Gymreig... y bwriad oedd rhoi 'agoriad' i bobl gydag anawstera o bob math, i fynd ymlaen i fyd addysg, neu i fyd gwaith, p'un ai o'dd hwnnw'n waith gwirfoddol neu'n gyflogedig."

"Ac felly ddois i ar draws Haf," meddai. "Fi oedd y Swyddog Lleoli oedd yn ceisio cael gwaith iddi. Un fantais yn syth o'n i'n gweld efo Haf oedd 'i bod hi isio gweithio – a be o'dd yn braf hefyd, o'dd bod ei rhieni hi isio iddi hi weithio hefyd..."

Gwaith cyntaf Menai oedd sgwrsio efo Haf a cheisio dod i'w nabod hi, i weld pa sgiliau oedd ganddi hi a beth oedd ei diddordebau:

"Dros y blynyddoedd, dwi wedi lleoli pobl mewn canolfanna hamdden – oherwydd eu diddordeb mewn chwaraeon – neu mewn caffis, gan mai dyna oeddan nhw wirioneddol isio'i neud... ond o'n i'n gweld efo Haf, oherwydd y diddordeba o'dd gynni hi – ma hi'n licio sgwennu, licio pobl, licio helpu... ac mae hi'n daclus – o'n i'n tybio mai gweithio mewn swyddfa neu rwbath felly fydda'n ei siwtio hi.

A chyn pen dim roedd Menai wedi llwyddo cael lleoliad i Haf:

- "Yn y Post Brenhinol ym Mangor, y Post Mawr fel o'dd o'r adag honno... fanno ges i'r lleoliad cynta i Haf... I fyny'r grisia, uwchben y Post, oedd y swyddfeydd... a llwyth o bobl yn gweithio yna a lot o sŵn... ond mi es i yno efo Haf iddi gael cyfweliad... ac yn ffodus iawn mi ddaru nhw roi cyfla iddi hi gael profiad gwaith yno."

- "O'n i'n cael bỳs wedyn o Gaernarfon i Fangor," meddai Haf. "Oedd gen i *bus pass*, yn bwysig i gyd! O'dd y bỳs yn mynd â fi rownd y cloc, stopio yn fanno. O'n i'n cerdded o fanno i'r Post Mawr a mewn i'r swyddfa... ac o'n i'n y swyddfa efo'r cyfrifiadur, o'n i'n ffeilio ac... amrywiaeth o betha eilll... Doeddwn i ddim yn mynd allan i roi llythyra drwy focsys pobl, o'dd rhywun arall yn neud hynny!"

- "O'dd hi'n ffitio mewn, fel blwch a deud y gwir," meddai Menai, "... ond yn anffodus wedyn, mi ddaru'r swyddfa gael ei symud – dwi ddim yn siŵr, i Gaer 'ta i Fae Colwyn – ond yn sicr roedd o'n rhy bell i Haf druan fynd yno."

Gan mai Haf oedd un o'r rhai cyntaf i gael eu helpu drwy'r cynllun newydd hwn, cyn iddi orffen yn ei gwaith yn y Post Mawr, mi wnaeth Menai Thomas drefnu dod â chriw teledu yno i ffilmio cyfweliad. Mae Haf yn cofio'r achlysur:

"Oeddan nhw'n recordio eitem bach i'w roi ar y newyddion... Menai'n siarad, a ges i'n ffilmio hefyd, yn teipio tu ôl iddi."

Ac mae Haf yn cofio'i diwrnod olaf yn y Post Mawr hefyd:

– "Digwydd bod, am bo' fi'n gadal, ges i floda gynnyn nhw – lot o floda! – ond o'n i'n mynd ar y bỳs o Fangor i Gaernarfon a bỳs wedyn i fyny i Lanrug, efo llond fy mreichia o floda. O'n i'm yn gallu'u handlo nhw'n iawn!

– "Wna i fyth anghofio chdi'n cerddad fyny'r dreif," chwarddodd Ann, "efo'r bwnsiad mawr o floda 'na, a rheina 'di bod rownd Bangor gen ti!"

*   *   *

Roedd cwmni Agoriad yn tyfu yn y cyfnod hwn:

"Dwi'n siŵr bod 'na ryw ugian ohonon ni yn diwedd," meddai Monai. "Oeddan ni'n medru tynnu arian o Ewrop yr adag hynny i ehangu. A ges i fynd drosodd i Bortiwgal i siarad am ein gwaith ni... o'dd hyn yn rwbath o'dd yn cychwyn drwy Ewrop ar y pryd, ac oeddan ni'n rhannu syniadau. Mi o'dd o'n newid pwysig, doedd, i roi cyfle i bobl efo anawstera i gael gwaith, yn lle cynnig canolfannau dydd fel yr unig opsiwn..."

Ac ar ôl i leoliad Haf yn y Post Mawr ddod i ben, dyma Menai'n penderfynu cynnig lleoliad arall iddi dan ei hadain hi ei hun:

"Be ddaru mi wedyn o'dd cael Haf i mewn i'n swyddfa ni, swyddfa Agoriad 'lly, ym Mhorth Penrhyn, ar gyrion Bangor... fel 'i bod hi'n cael y sgilia o atab ffôn a cymryd nodiadau i lawr... A hefyd pan o'dd 'na lythyra i fynd allan o'dd hi'n rhoi nhw mewn amlenni, a'u stampio nhw, y math yna o beth..."

Roedd swyddfeydd Agoriad ym Mhorth Penrhyn ryw filltir o'r orsaf fysys yng nghanol dinas Bangor ac angen croesi sawl lôn brysur i'w cyrraedd.

"Ac o'n i'n bryderus am hynny, chydig bach, yn doeddwn," meddai Haf. Ond roedd Menai wedi meddwl am bopeth:

- "Roedd hi wedi trefnu fod 'na dacsi yn pigo hi fyny o'r lle bysys," meddai Ann. "Oedd rhywun yn dal ei wynt dipyn bach yr adag hynny 'de, ond mi weithiodd yn iawn."

- "Do tad..." cytunodd Haf, "o'dd Menai Thomas yn glên bob amsar ac â gwên bob amsar."

Roedd Haf yn mwynhau ei gwaith efo'r criw hwyliog oedd yn swyddfa Agoriad ym Mhorth Penrhyn, Dangosodd lun ohonynt:

Criw swyddfa Agoriad, Plas y Coed, Porth Penrhyn.
Haf sydd ar y chwith a Menai Thomas ar y dde

"Tracy 'di hon tu ôl i fi yn y cefn, a dwi'm yn siŵr am y ddwy arall yn y canol... wedyn Menai Thomas wrth gwrs, hi sydd ar y dde, hi o'dd yn yr un swyddfa â fi..."

Roedd Ann ac Irfon hefyd yn fodlon iawn ar sut oedd pethau'n mynd efo cwmni Agoriad:

"Dwi'n cofio Ann yn deud 'tha i," meddai Irfon, "o'dd hi 'di gweld Menai Thomas ar y stryd ym Mangor, dwi'n meddwl, ac Ann wedi gofyn i Menai, 'sut oedd Haf yn gneud?' 'de. A Menai Thomas yn deud, 'Ma hi'n ardderchog. Ma Haf fatha magnet, yn tynnu pawb ati.' O'n i'n gweld hwnna'n ddywediad da, ynde!"

Ond er cystal hwyl oedd Haf yn ei gael ar ei lleoliad ym Mhorth Penrhyn, roedd Menai'n dal i chwilio am rywbeth parhaol iddi:

– "Yn ei chyfnod yn ein swyddfa ni, o'n i'n gweld fod Haf yn arbennig o dda yn be ma hi'n gallu'i neud, felly'r broblem fawr wedyn oedd cael hyd i gyflogwr digon mawr... achos mewn lle bach mae'n bur debyg y basa hi'n anodd iddyn nhw ffeindio digon o waith iddi hi i'w chadw hi'n hapus, 'de.
    Ac mi gymerodd dipyn o amsar imi, a deud y gwir, i gael lle addas. Mi 'nes i drio gwahanol lefydd, fel Ysbyty Gwynedd, ac yn y diwadd mi 'nes i gysylltu efo Cyngor Gwynedd a siarad efo Bill Davies – dwi'n meddwl mai fo oedd yn bennaeth ar yr Adran Personél yno – ac 'ar bob cyfri' medda fo. 'Dowch â'r person sy gynnoch chi mewn golwg draw,' ac wrth gwrs Haf oedd honno..."

A gweithio yn y Cyngor byddai Haf am bron i ddeng mlynedd ar hugain wedyn. Fel mae Haf yn ei ddweud ei hun:

- "Ma 'nyled i Menai yn fawr, a dwi'n ddiolchgar iawn iddi am ei holl gefnogaeth a'i charedigrwydd hi."

Haf yn ffeilio

6

Gweithio i Gyngor Gwynedd
(1994–2023)

Cynigiwyd swydd rhan-amser i Haf, yn gweithio pedwar bore bob wythnos o ddydd Llun tan ddydd Iau ("ac wedyn dwi'n cael y penwythnos i fi'n hun adra wedyn!" meddai Haf), a dechreuodd weithio yn swyddfeydd Cyngor Gwynedd yn 1994. Roedd hi'n 23 oed.

> "Cyfnod hapus oedd hwn," meddai Haf, "ac mi 'nes i ddysgu lot."

Roedd Eiriona Williams yn gweithio yn yr un adran â Haf pan ddechreuodd hi yn y Cyngor gyntaf:

> "Ac mi 'nathon ni jest clicio'n syth bin, rili. O'dd hi'n weithiwr da ofnadwy, yn licio ateb ffôn, a ffeilio, a gneud gwaith papur a ballu. A'r un peth o'n inna'n 'i neud, a deud y gwir."

Un arall y daeth Haf i'w hadnabod yn y cyfnod hwn oedd Heather Lynne Jones. Gan fod Heather Lynne yn byw yn Llanberis, a Haf yn Llanrug, weithiau byddai'r ddwy'n mynd ar yr un bỳs i'r gwaith:

> "Ia, fanna faswn i'n 'i gweld hi'n dod fyny ar y bỳs ac yn dangos ei phàs, 'de, ac wedyn yn dod i ista ata i... a basa 'na sgwrs bob amsar... ma Haf efo rhyw ddawn o ffendio ffrindia ym mhob man, ma hi'n ofnadwy o gymdeithasol... ac fel'na ddes i 'w nabod hi."

(A byddai Heather Lynne yn dod i'w hadnabod yn well wedyn, wrth iddyn nhw gydweithio i drefnu cyngherddau Nadolig yn y Cyngor, fel y gwelwn yn y bennod nesaf.)

Gwnaeth Haf sawl ffrind newydd fel Eiriona a Heather Lynne fyddai'n dod yn ffrindiau oes iddi. Ac roedd un o'i dyletswyddau newydd yn swyddfeydd y Cyngor, yn help garw iddi ar y dechrau wrth geisio dod i nabod ei chyd-weithwyr:

"Fi o'dd yn mynd â'r post rownd yr adeilad, i'r gwahanol adranna, felly mi o'n i'n gweld gwahanol bobl erill ac yn cael sgwrsys efo nhw a rhoi eu post iddyn nhw."

Byddai'r post yn cyrraedd yr adeilad, ac yn cael ei adael yn y *print room*. Byddai Haf yn cael galwad ffôn i fynd lawr yno wedyn, er mwyn didoli'r post – roedd bag ar gyfer pob adran ac roedd gan Haf droli i gario'r bagiau o gwmpas yr adeilad, wrth rannu'r llythyrau i staff y gwahanol adrannau. A chan fod troli ganddi a sawl llawr yn yr adeilad, roedd rhaid defnyddio'r lifft...

"Digwydd bod un diwrnod, ar ôl i fi orffan mynd â'r post o gwmpas, dyma fi'n mynd â'r troli 'nôl lawr wedyn yn y lifft. Ac es i fewn i'r lifft a phwyso lle o'n i isio mynd... a duwcs o'n i'n styc! O'n i'n styc! Methu cael rhywun i'w agor i fi. O'n i'n cnocio ac yn gweiddi, 'Help! Ga i help i ddod allan o'r lifft, plis?!'

Ac o'n i'n styc am dipyn bach 'de, tan i griw'r *post room* glywad fi a 'nathon nhw 'i agor i fi, ac 'nes i landio'n saff yn ôl yn y swyddfa... A'r lleill oedd yn y swyddfa yn gofyn,

'Lle ti 'di bod mor hir?'

'Sori,' medda fi, 'dwi 'di bod yn styc!'

A chwerthin 'nathon nhw! Ia, chwerthin!"

* * *

59

Dim ond unwaith y digwyddodd problem efo'r lifft, diolch i'r drefn, ac roedd Menai Thomas o gwmni Agoriad wrth ei bodd fod Haf wedi setlo mor fuan yn ei gwaith newydd:

"O'r munud cynta dwi'n meddwl, oeddan nhw wedi cymryd ati hi – oedd hi'n ffitio i mewn yno..."

Rhan o waith Menai fel Swyddog Lleoli oedd ymweld â'r gweithle ar ôl trefnu lleoliad i wneud yn siŵr fod popeth dal yn iawn:

"... Ond unwaith dach chi'n gweld person wedi cael ei dderbyn ac yn hapus yno a bod y cyflogwr yn hapus, wel, doedd 'na ddim llawar o bwynt i fi fod yn mynd i mewn ac allan i jecio sut o'dd petha – basa hynny'n gneud Haf yn wahanol i unrhyw un arall o'dd yn gweithio yno..."

Roedd hynny'n newyddion da i Ann ac Irfon:

"Dwi'n cofio Menai Thomas yn ffonio ni," meddai Ann, "a deud 'does 'na'm pwynt i fi fynd eto, achos ma Haf jest wedi ffitio mewn.'"

* * *

"O'n i wrth fy modd yn atab y ffôn," meddai Haf. "...'Bore da, Personél, dach chi'n siarad efo Haf Thomas.' A dudwch 'wan, bo' 'na rywun wedi anfon ffurflen gais i fewn, isio cael gwaith, o'n i'n cymryd nodiadau ac yn pasio nhw i rywun arall ddelio efo nhw..."

Dros y blynyddoedd, cafodd Haf weithio mewn sawl adran o'r Cyngor, yr Adran Personél (1994–96), yr Adran Gynllunio (1996–2004) a'r Adran Amgylcheddol (2004–09).

Haf efo criw Adran Personél

"Wedyn yn 2009," meddai Haf, "daeth yr unedau cefnogol at ei gilydd i neud un gwasanaeth canolog, ac o'n i wrth fy modd wedyn yn gweithio gyda chriw cefnogol Adnoddau Dynol. Oeddan ni fel un teulu mawr, ac o'dd Mari Powell a Rhian Bont yn gofalu amdana i."

Rhian oedd yn gofalu fod yna ddigon o waith i gadw Haf yn brysur, ond roedd hi hefyd yn cadw golwg bugeiliol arni yn yr adran:

"O'dd na broblam fach efo'r gadar pan 'nes i gychwyn yn yr adran, achos doedd 'y nhraed bach i ddim yn cyrradd y llawr. 'Dim problam,' medda Rhian, ''nawn ni ordro cadar arbennig iti.' A phan gyrhaeddis i 'ngwaith y diwrnod wedyn, o'dd y gadar newydd yn ei lle, diolch i Rhian. Cadar liw brown o'dd hi, a neb ond y fi yn cael ista ynddi."

Peth arall wnaeth Rhian oedd prynu siswrn llaw chwith iddi ddefnyddio yn y gwaith.

"O'dd hi'n garedig iawn," meddai Haf, "ac o'n i wrth fy modd yn gweithio yn yr adran yma. O'dd Rhian hefyd yn un dda am drefnu i ni i gyd fynd allan am fwyd pan o'dd rhywun yn yr adran yn dathlu pen-blwydd!

Haf efo criw Adran Adnoddau Dynol, 2019

Un arall o'i chydweithwyr yn y cyfnod hwn oedd Bethan Jones, a gafodd ei chyfweld ar gyfer rhaglen deledu am Haf yn 2013:

"Dach chi byth yn gwbod be sy'n mynd i ddod allan gan Haf. Straeon *galore*! Ond ma hi'n un dda i weithio efo hi, a deud y gwir – sdim rhaid i ti ddeud wrthi hi – ma hi'n gwbod be ma hi'n neud yn ddyddiol. Ma be sy'n digwydd fatha cloc gynni hi."

Trwy gydol ei chyfnod yn y Cyngor, bu Haf yn drwyadl ac yn gydwybodol – hyd yn oed os oedd hi'n gweithredu'n wahanol i'r disgwyl weithiau! Cafodd Menai Thomas yr hanesyn canlynol gan Bill Davies, pennaeth Personél:

"Roedd hi'n ddiwrnod o haf a dyma Bill yn deud, 'Iesgob, mae'n boeth ofnadwy'n y swyddfa 'ma, be am i ni gael hufen iâ? Ei di i nôl nhw, Haf?'

'Gwnaf,' meddai Haf ac i ffwrdd â hi a dŵad â'r cornets yn ôl, un i hwn, un i hon, ac yn y blaen...

'Wel, lle ma d'un di, Haf?'

'O mae'n iawn, wchi, dwi 'di bod yn twtio rhai chi.'"

Un barod ei chymwynas fuodd Haf erioed! Ac yn y bennod nesa, cawn weld pa mor gymwynasgar y bu hi yn ystod ei blynyddoedd efo Cyngor Gwynedd – wrth ddechrau codi arian at wahanol achosion da ac ysbrydoli eraill i ymuno'n y gwaith hwnnw – ac fel dynes ifanc efo syndrom Down, roedd hi unwaith eto, wrth gwrs, yn 'gweithredu'n wahanol i'r disgwyl'.

Haf yn ei gwaith, 2019

7
Cyngherddau'r Nadolig

Mae Nadolig yn gyfnod arbennig iawn yng ngolwg Haf – nid yw'n syndod felly iddi benderfynu rhannu ychydig o ysbryd yr Ŵyl yn ei gweithle newydd yng Nghyngor Gwynedd.

"'Nathon ni benderfynu neud rhyw gyngerdd Nadolig bach yn 1995, fi a Brenda. Mi o'dd Brenda'n *involved* hefyd, doedd Mam? O'dd pawb yn mwynhau canu ac mi ddoth cynulleidfa i lawr o'r swyddfa i wrando arnon ni. Oedd gynnon ni fwcad i hel arian at UNICEF hefyd..."

Yn nerbynfa swyddfeydd Cyngor Gwynedd y cynhaliwyd y cyngerdd cyntaf hwnnw, gan godi £52 er budd UNICEF. A dyna

Criw un o'r cyngherddau cynnar:
Haf, Clare, Bryn, Carys Prydderch, Eiriona, Brenda

sefydlu patrwm fyddai'n parhau am dros ddegawd, gyda Haf yn dewis elusen newydd bob blwyddyn, a chyfanswm yr hyn a gasglwyd yn sgil y cyngherddau, erbyn diwedd y cyfnod hwnnw, yn gannoedd, os nad yn filoedd o bunnoedd.

Haf fyddai'n cyflwyno'r cyngherddau hyn, gyda phopeth wedi'i baratoi'n ofalus o flaen llaw. Yn ôl Ffion, roedd ei dawn fel cyflwynydd wedi dechrau datblygu pan oedden nhw'n blant:

– "Ti'n cofio pan oeddan ni'n neud sioea bach yn y tŷ? Oeddach chdi'n sgwennu sgript ac yn deud pwy o'dd yn canu nesa a be o'dd yr eitem nesa..."

– "O ia, efo ryw sgript yn fy llaw!"

Yn ôl ei ffrind a'i chyd-weithiwr yn y Cyngor, Brenda Brown (mewn cyfweliad ar gyfer y *Daily Post*, Awst 2003):

"Criw bach oedd yn cymryd rhan yn y cyngerdd ar y dechra ond mae o wedi tyfu bob blwyddyn. A heblaw am Haf fasa pobl ddim yn dod at ei gilydd fel hyn. Haf sy'n cydlynu'r cwbl ac yn arwain y rhaglen ar y diwrnod."

Roedd y paratoadau yn dechrau ymhell cyn y Nadolig, yn ôl Heather Lynne Jones, (un arall o gyd-weithwyr Haf oedd yn helpu gyda'r cyngherddau hyn). Byddai Haf yn galw pwyllgor trefnu at ei gilydd ryw amser cinio:

"Ac wedyn, mi fasai'n dŵad efo'i llyfr a'i phensal, ac o'dd hi'n gwybod yn union sut o'dd pwyllgor yn gweithio... o'dd isio cadeirydd – a hi o'dd y cadeirydd; o'dd isio ysgrifennydd – a hi o'dd yr ysgrifennydd! Ac wedyn, o'dd hi 'di pigo'r elusen, ac o'dd hi wedi pigo'r carolau hefyd. Be o'dd hi isio un flwyddyn, dŵad? 'White Christmas' gan Bing Crosby, a buon ni'n chwilio am eiria Cymraeg i'r gân, a gafon ni hynny. O'dd hi'n gwbod be o'dd hi isio!"

Byddai ymarferion wedyn, bob wythnos:

"O'dd o'n dechra dŵad i swing wedyn," meddai Haf. "Oeddan ni'n cael pawb at ei gilydd, i'r *post room*, roedd rhaid cael ymarfer cyn gneud y cyngerdd 'ma. Oeddan ni'n dechra ymarfer ym mis Hydref er mwyn cael petha at ei gilydd erbyn mis Rhagfyr."

Roedd nifer o ddoniau cerddorol ar gael iddi yn y Cyngor. Bu Heather Lynne yn helpu ac yn cyfeilio. Byddai John Eifion yn arwain y côr iddi ac yn rhoi unawd hefyd.

– "John Eifion o'dd y ffefryn," meddai Heather Lynne, "ond o'dd Haf yn nabod pawb... ac wedyn o'dd hi'n rhoi ni i gyd i sefyll lle oeddan ni i fod i sefyll, a phwy o'dd i fod i ddeud bob dim a ballu. O'dd hi'n gyfarwyddwr da, 'sti!"

– "A job fi oedd cyflwyno'r eitemau," meddai Haf. "'Croeso i bawb i ddod i wrando arnon ni yn y cyngerdd Nadolig.' Ac wedyn o'n i'n deud pwy oedd yn mynd i ganu, côr yn canu neu unigolyn yn canu... a 'dan ni 'di cael John Eifion yn canu unawd, Sharon a Sue yn canu deuawd, Elfed Morgan Morris, oedd o'n chwara ac oedd o'n canu hefyd."

– "'Nest ti eitem dy hun unwaith, yn llefaru do?" meddai Ann, "be oedd y darn?"

– "Rhwbath oeddan ni 'di'i neud yn Pendalar erstalwm," atebodd Haf. Ac er bod dros ugain mlynedd ers iddi ei ddysgu gyntaf, roedd hi'n cofio'r pennill cyntaf yn syth!

"'O heol i heol, yn ddyfal bu'r ddau,
yn chwilio am lety a'r nos yn nesáu.
Bu rhaid imi ddweud bod y llety'n llawn,
a'u clywed yn sibrwd, 'pa beth a wnawn?'"

* * *

Yn ystod y blynyddoedd cyntaf, roedd cyngherddau Nadolig Haf a'i chyd-weithwyr wedi codi arian i'r elusennau canlynol, fel y dangosodd hi i mi:

"Fama mae'r dyddiada... ar ôl UNICEF yn 1995...
    hannar canpunt i Dŷ Gobaith yn 1996...
    £55 i Ysbyty Eryri yn 1997...
    £66 i Dŷ Enfys yn 1998...
    'Nathon ni roi stop iddo fo am un flwyddyn yn 1999 ond 'nathon ni gario mlaen wedyn, a chodi £170 at Ymchwil y Galon yn y flwyddyn 2000..."

Tipyn o gamp oedd codi pres fel hyn heb sôn, wrth gwrs, am lonni calonnau staff y Cyngor, a rhannu ychydig o naws yr Ŵyl drwy'u swyddfeydd nhw! Ond roedd mwy i ddod...

Er bod rhywbeth hyfryd o anffurfiol mewn cynnal cyngerdd yn y dderbynfa, fel mae Haf yn cyfaddef, "Sefyll oeddan nhw'n y cyntedd 'de, doedd 'na neb yn cael ista'n fanno." Doedd o ddim yn lle delfrydol. Cerdded heibio fydda rhai. "Digwydd bod, roedd 'na rai jest yn mynd am eu hawr ginio," yn ôl Haf. Ac yn y flwyddyn 2001, pan oedd Haf yn ceisio codi arian at Affganistan, tynnwyd sylw at hyn:

"Mi o'dd 'na ddynas o Affganistan, dynas codi arian, wedi dod yn sbesial i dderbyn yr arian o'r cyngerdd, a 'nath hi ddeud yn ei *speech*, 'Ma isio i chi gau'r ddau ddrws er mwyn i bobl roi pres i fewn yn y bwcad.' Mi o'dd 'na un ochr yma, a'r llall ochr yna..."

Efallai i'r apêl honno ddylanwadu ar y gynulleidfa, oherwydd mi lwyddon nhw i gyfrannu swm digon anrhydeddus o £507 at Apêl Affganistan! Ond roedd cyngherddau Nadolig Haf wedi mynd mor boblogaidd, penderfynwyd eu symud o'r cyntedd erbyn y Nadolig canlynol yn 2002:

"Gafon ni le da wedyn," yn ôl Haf, "yn Siambr Fawr Dafydd Orwig. Roedd 'na lot o le yn fanno."

Hon oedd Siambr y Cyngor ei hun, ond roedd Haf wedi llwyddo i lenwi honno hefyd yn fuan iawn. Yn ôl Brenda Brown, roedd bron i ddeugain o staff y Cyngor yn cymryd rhan y flwyddyn honno. Ac yn ôl Heather Lynne:

Un o bosteri'r cyngherddau Nadolig

"O'dd 'na gymaint o bobl yno, achos mi o'dd y cyhoedd 'ŵan wedi clywad am y cyngerdd 'ma... wedyn o'dd pawb yn ista yn seti'r cynghorwyr, oeddan nhw yn y galeri, oeddan nhw ar hyd y grisiau i fyny, ac o'n i'n meddwl, 'O, waw!'..."

Codwyd £800 at Farchogaeth i'r Anabl y Nadolig hwnnw, a'r cyngerdd, unwaith eto, yn mynd fel wats. Ond dros gyfnod o ddeng mlynedd roedd ambell i dro trwstan yn siŵr o ddigwydd! Dyma Eiriona Williams, un arall o gydweithwyr Haf, sy'n cofio un o'r achlysuron hynny:

"Dwi'n cofio un flwyddyn, o'dd hi 'di cael pawb i neud y partia i gyd – fi o'dd Gŵr y Llety ac o'dd 'na ddau arall yn neud Mair a Joseff – ond ar fore'r cyngerdd, dyma'r boi o'dd yn chwara Joseff yn ffonio mewn yn sâl. Panics wedyn! 'O, pwy dwi'n mynd i gael i neud Joseff...?' a dyma fi'n deud, heb feddwl, 'O, mi wna i neud Joseff i chdi, os tisio.'

'Wnei di?' meddai Haf. 'Gwnaf 'tad,' medda fi. 'Dwi'n gwybod y geiria a bob dim...'Achos o'n i'n helpu hi efo'r trefnu a ballu, yn do'n... ond fi oedd Gŵr y Llety hefyd! Ac fel o'dd petha'n dod yn agosach at yr amsar, o'n i'n dechrau poeni, 'sut goblyn dwi'n mynd i neud hyn rŵan?'!"

Bu'n rhaid i Eiriona druan wneud ei gorau glas i gynnal sgwrs efo hi ei hun wrth chwarae Joseff *a* Gŵr y Llety!

"Wel, o'dd pobl yn eu dagra yn 'y ngweld i'n mynd o un ochr i'r llall, a dyma Haf jest yn troi at y gynulleidfa a deud,
'Dydi o ddim yn ffyni, 'chi!'
Wel, chwerthon ni fwy wedyn, 'de, bechod...!"

* * *

Yn ogystal â threfnu'r sioeau Dolig bob blwyddyn, rhwng 1999 a 2003 byddai Haf hefyd yn cerdded coridorau'r Cyngor yn ysgwyd pwced casglu ar ddiwrnod Plant Mewn Angen. Dydd Llun tan ddydd Iau oedd ei diwrnodiau gwaith arferol, ond ar ddydd Gwener Plant Mewn Angen byddai'n dod i'r gwaith yn unswydd, er mwyn erfyn ar ei chydweithwyr i dyrchu yn eu pocedi neu'u pyrsiau i gyfrannu at yr elusen blant honno. Ac yn ystod y bum mlynedd honno, llwyddodd Haf i godi £1,585 i gyd.

Roedd pobl wedi dechrau cymryd sylw o'i gweithgarwch hi erbyn hynny, ac mi gafodd ei chydnabod yng nghinio gwobrwyo 'Eich Pencampwyr 2003', ac ar y rhaglen deledu *Diolch o Galon* ym mis Awst yr un flwyddyn (gweler penodau 15 a 16). Ond daeth anrhydedd arall, mwy *Nadoligaidd* i Haf ar ddiwedd 2003...

Bu'n arfer ers sawl blwyddyn yng Nghaernarfon, i gyflwyno Drama'r Geni ar y Maes ynghanol y dre, fel rhan o seremoni troi goleuadau'r Nadolig ymlaen. Byddai rhywun yn darllen y stori gyfarwydd o'r Beibl, tra bod oedolion a phobl ifainc wedi gwisgo'n briodol yn dod i'r llwyfan ar yr adegau priodol yn y stori, a hynny yn rhith y Tri Gŵr Doeth, y Bugeiliaid, ac yn y blaen. Roedd yn gyflwyniad digon uchelgeisiol – byddai'r bugeiliaid yn tywys ambell ddafad go iawn mewn penffrwynau, a byddai Mair yn cyrraedd ar gefn asyn go iawn, gyda Joseff yn dal yn dynn ym mhenffrwyn hwnnw. (Dywedais wrth Haf 'mod innau 'wedi cael y joban o warchod y mul un flwyddyn'. 'O bechod!' meddai'n dosturiol, 'pawb â'i dasg!')

Haf a Maer Caernarfon yn barod i roi'r goleuadau Nadolig ymlaen

Ond ar ôl cwblhau'r olygfa o'r Nadolig cyntaf, gyda Mair a Joseff a phawb o gwmpas y preseb, byddai sylw pawb yn troi at Faer y Dre a'r gwestai arbennig. Gwaith hwnnw, neu honno, oedd troi'r swits er mwyn cynnau'r goleuadau sy'n mynd gris-croes ar hyd y prif strydoedd ac yn nadreddu drwy ganghennau coed y Maes. Ac yn 2003, y gwestai arbennig oedd... Haf!

"O'dd hi'n noson ffantastig, 'nes i fwynhau bob eiliad! Helen Gwyn y Maer oedd wedi gofyn i fi. 'Fasach chdi'n licio rhoi'r goleuada ymlaen?' meddai hi, 'achos y petha ti 'di neud i godi arian.' Ac o'dd 'na lot o bobl yno ac o'dd 'na *railings* yna, rhag ofn i bobl ddisgyn yn ôl a brifo."

Dangosodd luniau o'r noson i mi:

"Ac o'n i'n gwisgo fy nghôt Mega! Ella bod hi wedi bod yn oer yno, so o'dd isio lapio. Wedyn o'dd 'na rywun yn actio bod yn Mair a Joseff a brenhinoedd a bugeiliaid, ac ar ôl hynny es i at yr ochr a deud gair bach, dwi'm yn cofio be oedd o... O, ia, 'Nadolig Llawen i chi i gyd', ac wedyn *switch on!*"

* * *

Wythnos neu ddwy'n ddiweddarach, yn Rhagfyr 2003, roedd hi'n amser i gyngerdd Haf yn y Cyngor unwaith eto. Roedd Siambr Dafydd Orwig yn llawn unwaith eto, a rhieni Haf yn eu plith. "Oeddan 'tad," meddai Ann, "oeddan ni isio cefnogi, ac oedd o'n gyngerdd gwerth chweil, 'de."

Cŵn Tywys Gwynedd oedd yr elusen yr oedd Haf wedi'i dewis y flwyddyn honno a chodwyd £5000! Roedd hyn yn rhannol

Haf a'r bêl gan dîm Cymru, 2003. Yma, yn y cyntedd y bu'r cyngherddau Nadolig cyn y flwyddyn hon

71

oherwydd rhodd o bêl wedi ei harwyddo gan aelodau tîm pêl-droed Cymru – roedd y raffl am honno wedi ychwanegu tipyn at y cyfraniadau ariannol yn dilyn y cyngerdd – ac yn ôl Heather Lynne, "O'dd hi 'di hel digon i gael ci tywys – ac mi enwyd y ci yn 'Haf' ar ei hôl hi!"

Roedd ymdrechion Haf yn cael ei werthfawrogi gan ei chyd-weithwyr hefyd. Ar ôl un cyngerdd, daeth y cynghorydd Siân Gwenllian drwy'r dorf i ddiolch iddi ar y diwedd:

"A dyma hi'n deud, 'Ma gin Brenda rwbath bach mae hi isio'i roi i chdi.' A dyma ni'n mynd i'r *post room*. 'Diolch i chdi am gael pawb at ei gilydd,' meddai Brenda, "dan ni 'di cael lot o hwyl efo chdi, so dyma rwbath bach gan y côr a minna.' A 'nath hi roi tusw o floda i mi!

Cafwyd dau gyngerdd Nadolig ar ôl hynny, er budd yr Ambiwlans Awyr yn 2004 a 2005 (gweler pennod 10), ond roedd cyfnod y trefnu cyngherddau yn dechrau dirwyn i ben. Oherwydd eu llwyddiant, roedden nhw'n gofyn mwy a mwy o waith trefnu gan Haf a'i ffrindiau – ac ar ôl i Haf golli un o'i ffrindiau pennaf yn 2007, doedd ganddi ddim calon cario ymlaen efo'r cyngherddau, fel y cawn glywed yn y man.

Ond yn y bennod nesa, cawn wybod mwy am gariad Haf at gerddoriaeth yn gyffredinol – o Gôr 'Law yn Llaw' i'r grŵp Westlife!

8
Cariad at gerddoriaeth

Diddordeb cynnar yn y piano! Taid Abram sy'n gwylio Haf.

Mae Haf wedi mwynhau caneuon nifer fawr o fandiau dros y blynyddoedd – Yws Gwynedd, Gwenda Owen, Blodau Papur, Candelas, Papur Wal – ac mae'n mwynhau mynd i'w gweld nhw pan ddaw'r cyfle:

> "... Es i efo Eiriona i weld Rhydian Roberts yn Rhyl... ac aeth Nia Jane a fi i weld Bryn Fôn..."

Ac mae'r rhestr yn parhau!

> "Eden, dwi'n ffan mawr o Eden... Dwi'n licio Trio hefyd. Tri ohonyn nhw. Steffan Lloyd Owen, Bedwyr Parri a Emyr Gibson – ma gynnon nhw leisia da i ganu... ac mae Annette

Bryn Parri yn cyfeilio'n dda iawn iddyn nhw... Connie Fisher wedyn, ges i 'i gweld hi yng Ngŵyl y Faenol, oedd hi'n siarad yn annwyl iawn efo fi."

Mae ei chwaeth gerddorol yn eang iawn:

"Dwi wrth fy modd efo caneuon a sioea cerdd... a cherdd dant ac alaw werin a phetha fel'na."

Sdim rhyfedd fod Haf yn mwynhau cerddoriaeth gymaint. Mae 'na hanes canu a pherfformio ar ddwy ochr y teulu. Bu Irfon yn canu am gyfnod efo Meibion Arfon, ac mae'r cyflwynydd Trystan Ellis-Morris yn ŵyr i un o'i chwiorydd o.

Ar ochr Ann, roedd taid Abram yn cystadlu ar yr emyn dros 60, ac yn canu mewn corau; roedd brawd Ann wedi ennill yn yr Eisteddfod Genedlaethol ar yr unawd cerdd dant, tra bod Ann hithau yn cystadlu dipyn pan oedd hi'n iau:

"O'n i'n canu ymhob steddfod leol flynyddoedd yn ôl, ar draws Pen Llŷn i gyd. Do'n i'm yn cael dewis, 'mond mynd! Ond o'n i'n ennill weithia."

Bu'n chwarae gitâr wedyn ac yn hyfforddi grwpiau fel Adar Dwyfor yn y 60au a'r 70au pan oedd hi'n athrawes gynradd.

Ac mae chwaer Haf, Ffion, wedi cael llwyfan yn y Genedlaethol sawl gwaith ar yr unawd alaw werin, ac wedi ennill yn yr Ŵyl Gerdd Dant.

– "Dwi 'di bod yn awyddus ar hyd yr amsar i'r ddwy fwynhau petha cerddorol, 'de," meddai Ann.

– "'Dan ni'n mynd yn amal i wrando ar bobl yn canu, dydan Mam?" meddai Haf.

– "O, 'dan ni 'di bod mewn tipyn o lefydd, do!"

Ac ambell waith byddan nhw'n canu o gwmpas y piano yn y tŷ:

"Ma Dad a fi wrth ein bodda'n canu," meddai Haf, "'Calon Lân', 'Dyrchefir Fi', 'Dod ar fy Mhen'... ac wedyn ma Mam yn cyfeilio ar y piano, er mwyn gneud *duet*, y piano a ninna'n canu. Adag Dolig 'dan ni'n canu petha Dolig... carola ia... 'Ganwyd Iesu', 'Tinsel ar y Goeden', 'O! Deuwch Ffyddloniaid'... gwahanol ganeuon Dolig. A bydd Mam yn chwara."

Ond mwynhau cerddoriaeth drwy wrando wna Haf ar y cyfan, yn hytrach na chanu ei hun.

"Dwi'n gwrando ar lot fawr o CDs. Records oedd gynta,'de Mam? A caséto, ond bob tro dwi'n chwara nhw ma 'na rwbath yn digwydd bob tro, y peth 'na rownd y tâp yn torri, 'de. Ond 'ŵan dwi 'di consyntretio fwy ar y CDs."

Ac mae'na un grŵp y mae Haf yn arbennig o hoff ohonynt...
    Roedd 'na fynd ar *boy bands* ar ddiwedd yr 1990au a doedd Cymru ddim ar ei ôl hi. Ffurfiwyd Mega yn 1998, gyda phedwar aelod – Arwel, Rhydian, Trystan a Marc – ond roedd ganddyn nhw i gyd eu henwau llwyfan, fel yr esboniodd Haf:

"'Ard', sef Arwel Wyn Roberts, 'Rib', Rhydian Bowen Phillips... wedyn 'Icl' oedd Marc, a 'Tas' oedd Trystan. O'n i wedi gwirioni efo nhw."

Y tro cyntaf i Haf eu gweld nhw oedd yn Eiteddfod Genedlaethol Penybont ar Ogwr yn 1998:

"Digwydd bod o'n i'n y ffrynt a 'nathon nhw sbotio fi. Ac ers hynny dwi 'di dod i'w nabod nhw."

Er na pharhaodd y band fwy na chwpl o flynyddoedd, roedd Haf wedi llwyddo i'w gweld nhw droeon ac roedd hi wedi cael y dillad i gyd: crys Mega (sydd dal ganddi'n rhywle, meddai) a chap *baseball* Mega ("'Nathon nhw roi hwnna i fi ar ôl gig yng Nghorwen"), a chôt Mega ("'nes i brynu honno ond fues i yn ei gwisgo hi am flynyddoedd! O'dd hi'n fawr!")

Mega: Trystan, Rhydian, Arwel a Marc, efo Haf (yn ei chap!) yn y blaen

Byddai'n mynd i rai o'r gigs yng nghwmni ei ffrind, Eiriona Williams. Gwelodd nhw'n perfformio ar y Maes yng Nghaernarfon:

"Ac oedd 'na lot 'di dod yna i'w gweld nhw'n canu ac yn dawnsio."

Bechgyn cyfeillgar oedden nhw, yn ôl Haf; dydy hi ddim yn

cofio mynd i gefn llwyfan i'w gweld nhw erioed "achos nhw fydda'n dod allan i'r ffrynt, ia!"

Nid yn unig oedd Haf yn gwybod caneuon Mega ar ei chof, roedd hi wedi dysgu pob symudiad dawns oedd yn cydfynd â nhw, yn enwedig ar gyfer ei hoff gân, 'Dawnsio ar Ochr y Dibyn'.

"Dwi'n cofio un tro, o'dd Eiriona 'di mynd â fi i Neuadd Dwyfor Pwllheli, o'dd hi'n licio nhw hefyd, ac ar ôl iddyn nhw orffan, 'Dos i fyny i fan'na,' medda Eiriona, a dyma fi'n mynd ar y llwyfan! Www, 'ŵan ma'r gwir yn dod allan! A 'nes i ddangos rwtîn 'Dawnsio Ar Ochr y Dibyn'! Oeddan nhw'n licio'r ffordd 'nes i neud o... 'Ti efo ni yn y grŵp 'ŵan!' medda nhw, 'pumed aelod!'"

Mae Haf yn dal i wrando'n aml ar CDs y band:

"Dau maen nhw 'di neud, un yn Gymraeg a'r llall yn Saesneg, a dwi 'di gwirioni gymaint arnyn nhw, ar eu caneuon nhw, dwi'n licio bob un."

Ond mae 'na un grŵp arall sy'n agos at galon Haf:

"Ia, ma gen i ddau *boy band*, Mega... a Westlife! Hogia o Iwerddon ydyn nhw; mae 'na 4 ohonyn nhw... Shane, Kian, Mark a Nicky."

Rhwng 1998 a 2012 cyhoeddodd Westlife ddeg record hir ac maen nhw wedi gwerthu 55 miliwn o CDs dros y blynyddoedd. Roedd sawl un wedi ffendio'i ffordd i lofft Haf yn Buarthau:

"Dwi 'di gwrando ar gymaint ohonyn nhw, ma gen i lot ohonyn nhw!"

Roedd nwyddau eraill y band yn apelio hefyd. Pan ffilmiwyd Haf yn ei gwaith yn 2013 ar gyfer rhaglen *Taith Fawr y Dyn Bach* efo James Lusted, tynnwyd sylw at y ffaith fod calendr 2009 a 2010 dal ar y wal wrth ei desg... calendrau Westlife wrth gwrs!

"Ma gen i lwyth o hen galendars Westlife," esboniodd Haf, "dau yma a rhai adra hefyd."

Gofynnais i Haf oedd ganddi ffefryn o blith aelodau Westlife?

"Ooo, fedra i'm atab y cwestiwn yna, sori! Dwi'n licio nhw i gyd! Ond Mark... hwnna 'di'r canwr... ac ma Shane yn dda hefyd. A'r ddau arall, wrth gwrs!"

Y tro cyntaf iddi eu gweld nhw'n fyw oedd ar nos Wener, 25ain o Awst 2006, pan berfformiodd y grŵp ar noson agoriadol Gŵyl y Faenol. Cyfres o gyngherddau awyr agored oedd yr ŵyl, yn cael ei threfnu gan Bryn Terfel ar diroedd hen blasdy rhwng Bangor a Chaernarfon. Roedd yr ŵyl wedi cychwyn 'nôl yn 2000, ac erbyn 2006 roedd yn ei hanterth; roedd cyngherddau dros bedair noson ar benwythnos Gŵyl y Banc ym mis Awst y flwyddyn honno, gyda Shirley Bassey a Bryn ei hun yn serennu ar rai o'r nosweithiau eraill. Roedd 12 mil o docynnau ar gyfer pob noson wedi mynd ar werth wyth mis ynghynt – ond cyngerdd Westlife oedd y cyntaf i werthu allan. Ac roedd Haf, Ffion ac Ann wedi sicrhau eu lle ar gyfer y noson.

"Ti'n cofio'r profiad Haf?" meddai Ffion, "oeddan ni efo blancad, picnic a chadeiria, ac oeddan ni wedi setlo lawr yn barod ar gyfar y cyngerdd. A dyma Heather yn dod tuag atach chdi a gofyn, 'ga i dy fenthyg di am 'chydig bach? Ty'd efo fi, dwi isio dangos rwbath i chdi.' A doedd gen ti'm syniad be oedd am ddigwydd!"

Roedd Heather Lynne Jones yn helpu Haf efo'i chyngherddau Nadolig yn y Cyngor. Ond gan fod Heather hefyd yn gweithio yn yr Adran Priffyrdd, rhan o'i swydd hi oedd delio efo achlysuron arbennig, fel Gŵyl y Faenol:

> "... A gan bo' fi'n gweithio efo'r trefnwyr ac yn gwbod fod Haf yn meddwl y byd o Westlife, dyma fi'n gofyn tybed faswn i'n cael ffafr gynnon nhw? Ac wedyn, mi gafodd Haf fathodyn VIP do, felly gafodd hi fynd rownd i'r cefn, ac 'O, waw!'... o'n i'n frenhines yn ei golwg hi'r diwrnod yna, am bo' hi 'di cael gneud hynny!"

– "Es i efo Heather i ddisgwl amdanyn nhw gefn llwyfan, ac oeddan nhw'n hir yn dod i fewn efo'r bỳs 'ma, yna 'nathon nhw landio. Ac oeddan nhw isio dechra canu am chwartar i naw, ond ges i'r fraint o gael mynd atyn nhw i siarad, yn 'u hiaith nhw siŵr, a gca i dynnu llun efo nhw."

Efo Westlife yng Ngŵyl y Faenol, 2006

Gofynnais i a oedd hi'n cofio unrhywbeth o'r sgwrs gafodd hi?

- "O'n i'm yn gwbod be i ddeud 'thyn nhw am bo' nhw'n siarad Saesneg ac ma'n anodd i fi siarad Saesneg. Ond mi 'nath Kian ofyn, 'What's your name?' Ac mi 'nes i ddeud mewn un gwynt yn ffast, 'my name is Haf!' 'What does that mean?' Dyma fi'n deud yn ôl, 'Summer!' A dyma Nicky yn deud, 'That's a pretty name!'

- "Oeddan nhw'n fendigedig efo hi," meddai Heather, "oeddan nhw mewn cylch ac oedd hi'n cael mynd rownd bob un ac mi o'dd hi'n cael hygs..."

- "'Nes i siarad 'chydig bach efo pob un wedyn a mwynhau pob eiliad o fod efo nhw yn nghefn llwyfan, achos hogia neis oeddan nhw, oeddan nhw'n lyfli."

Ac ar ôl Iddyn nhw i gyd arwyddo rhaglen i Haf, roedd yn amser iddyn nhw baratoi i fynd ar y llwyfan, ac aeth Haf yn ôl at Ann a Ffion o flaen y llwyfan.

"O'dd 'na lot o griw yna, doedd Ffion? Miloedd!"

Gofynnais i Haf oedd ei mam hi'n dawnsio i'r caneuon hefyd?

"Gafael yn 'y llaw i o'dd hi! O'n i wrth fy modd efo Westlife, o'dd eu canu nhw'n ffantastig! Ac wedyn ers hynny, dwi'n dal i'w cefnogi nhw."

Ond yn 2012, penderfynodd y band roi'r gorau iddi... felly roedd rhaid eu gweld un tro olaf. Trefnodd Ffion docynnau ar gyfer eu cyngerdd ym Mehefin yn y Motorpoint Arena yng

Nghaerdydd yn ystod eu taith ffarwél. "Ac o'n i yn crio 'de..." meddai Haf.

* * *

Fel dywedwyd eisoes, mae Haf yn hoff o bob math o gerddoriaeth...

–   "Ond pwy sy'n canu ora?" holodd Ann yn gellweirus. "Bryn Terfel 'ta Westlife?"

–   "Dach chi'n gofyn cwestiwn 'ŵan!" atebodd Haf, cyn ychwanegu'n ddiplomataidd. "Dwi'n licio'r ddau..."

–   "San nhw'n neud grŵp efo'i gilydd," awgrymais innau'n smala, "WestBryn!"

–   "Wel dwi'm yn gwbod am hynny!" ebychodd Haf yn amheus. "Opera 'di o!"

* * *

Er mai mwynhau drwy wrando y mae Haf wedi'i wneud fwyaf dros y blynyddoedd, yn ddiweddar mae wedi ymuno â chôr, sy'n brofiad newydd iddi:

"'Mond yn tŷ o'n i'n canu! Bath neu *shower*!"

Mae wedi ymuno â chôr Law yn Llaw. Mae Ffion wedi ymuno hefyd, ac mae'n gôr ychydig yn wahanol, fel mae'r ddwy'n egluro:

–   "Mae o'n gôr sydd efo cysylltiad â Ward Alaw, Ysbyty Gwynedd," meddai Ffion.

- "Pobl sydd efo cansar a ballu. Wedyn 'dan ni hefyd yn codi arian," meddai Haf.

- "Ma rhai o'r côr wedi cael triniaeth gansar, neu'n mynd drwyddi 'ŵan."

- "Anodd hefyd, 'de?"

- "Ac mae 'na staff o'r ward sy'n aeloda hefyd, does, a ffrindia a theulu pobl sydd 'di dod i gysylltiad efo cansar."

- "Ac Anwen Edwards sy'n arwain y côr, ac Annette Bryn Parri sy'n chwara piano i ni."

- "A Sioned Lewis sy'n trefnu digwyddiadau'r côr," ychwanegodd Ffion.

Côr cymharol newydd yw hwn, a Sioned Lewis, sy'n gweithio ar Ward Alaw, Ysbyty Gwynedd, wnaeth ei sefydlu. Dechreuodd yn wreiddiol yn ystod y cyfnod clo, fel prosiect dros dro i ferched oedd wedi eu heffeithio gan ganser y fron, er mwyn canu ar raglen *Corau Rhys Meirion* ar S4C. Ond roedd yr aelodau'n awyddus i barhau, ac felly ym mis Medi 2022, cychwynnodd Sioned Gôr Law yn Llaw gan agor yr aelodaeth i ddynion hefyd. Ers hynny, mae'r côr wedi canu mewn sawl lle annisgwyl, fel y Pier ym Mangor, Zip World, ac ar gae Clwb Rygbi Bethesda, fel rhan o Roc y Ddôl; ac erbyn hyn mae ganddynt tua hanner cant o aelodau, gyda Ffion a Haf yn eu plith.

"A 'dan ni'n cael ymarfar yn nghapal Berea Newydd ym Mangor," meddai Haf, "bob rhyw dair wsnos. Ma gynnon ni ffeils ac wedyn ma gynnoch chi eiria a noda, ond 'mond y

Côr Law yn Llaw, yng nghapel Berea Newydd, Bangor

geiria fydda i'n gallu canu achos dwi'm yn gallu dilyn y noda'n dda iawn."

Alto mae Haf yn ei ganu:

– "Mae rhai soprano'n goro mynd yn uwch, a 'dan ni'n mynd yn isal, a felna 'dan ni'n gneud harmoni, ia. Mae gynnoch chi soprano, alto, tenor a bas hefyd – ond dwi'n alto beth bynnag."

– "'Dan ni'm yn cystadlu na'm byd felna," meddai Ffion, "ond ma 'na rwbath yn braf yn hynny – mae'r cyfle i gymdeithasu ac i neud ffrindia'n bwysig i ni..."

– "A 'dan ni'n codi arian wrth ganu hefyd."

– "Ia, yn y gymanfa Sul dwytha, oeddan ni'n codi arian i Hospis Dewi Sant, Caergybi; ac wedyn mi o'dd y cyngerdd yn Llanberis er budd Ward Alaw... ma 'na lot o betha eraill yn dod fyny leni rhwng rŵan a diwadd y flwyddyn."

Nid yn unig mae Haf yn mwynhau'r profiad newydd o ganu mewn côr, mae hi hefyd wedi cael cyfrifoldebau newydd, yn helpu'r cyfeilydd:

– "Ia, Annette Bryn Parri 'nath ofyn i fi 'fasach chdi'n licio troi'r tudalenna i mi?' Ac mi 'nes i ddeud y baswn i wrth fy modd yn cael gneud! Ac mae hi'n rhoi nòd bach i fi, fel bo' fi'n barod i droi, ac ma hi'n sbio arna i efo gwên wedyn."

– "Be ti ddim 'di neud, Haf?!" meddai Ann gan ysgwyd ei phen a chwerthin.

Haf ac Annette wrth y piano yn ystod ymarfer

– "Wel, ma hwnna'n gwestiwn da, Mam! Yndi wir! Dwi'm yn siŵr iawn eto, mi fydd raid fi feddwl yn ddwys am hyn!"

9
Nofio... a champau eraill

Os yw diddordeb Haf mewn cerddoriaeth wedi dod o ochr Ann, ei mam, gan fwyaf, gan ei thad, Irfon, mae'n debyg y daeth ei phenderfyniad fel athletwraig a nofiwr.

Pêl-droed oedd prif gamp Irfon. Yn ddim ond 13 oed, roedd o'n chwarae i dîm cyntaf Ysgol Brynrefail. Cafodd dreialon wedyn i glybiau proffesiynol fel Blackpool a Wrecsam, a bu'n chwarae i rai o brif glybiau amatur y gogledd, gan gynnwys chwe thymor fel *left half* efo clwb Dinas Bangor. Efo clwb Tre Caernarfon, roedd Irfon yn chwarae efo pobl fel Tom Walley, Haydn Jones, Graham Malsarek a Denny Jones – rhai a aeth yn eu blaenau i chwarae efo clybiau proffesiynol fel Watford, Arsenal, Huddersfield a Wrecsam.

Ond pan ofynnais i iddo sôn am rai o uchafbwyntiau ei yrfa bêl-droed, rhoddodd ateb nodweddiadol wylaidd i droi'r stori:

"Wel, 1969–70 oedd y tymor gorau i mi. Mi 'nes i gyflawni tri pheth y flwyddyn honno. Diwrnod cynta'r flwyddyn, mi 'nath Ann a fi ddyweddïo. Ym mis Tachwedd o'n i 'di cael y 'nghap cynta i Gymru, ac ym mis Awst oedd Ann a fi'n priodi!"

Cafodd Irfon bedwar cap i dîm amatur Cymru y tymor hwnnw, yn erbyn Lloegr, yr Alban, Gogledd Iwerddon a'r Iseldiroedd. (Rhwng 1908 ac 1974 roedd yna dîm rhyngwladol i chwaraewyr amatur Cymru, yn ogystal â'r tîm proffesiynol).

Ffion sydd wedi etifeddu dawn ei thad ar y cae pêl-droed gan chwarae i dîm merched Dinas Bangor a chwarae yng Nghynghrair Gogledd Lloegr, cyn cael gwaith yng Nghaerdydd; chwaraeodd wedyn efo tîm merched Cougars Caerffili, a Dinas

Abertawe cyn ymuno ag ail dim y brifddinas a hithau yn ei phedwardegau!

Dyw'r bêl gron ddim wedi apelio cymaint at Haf. Torrodd ei braich mewn cicabowt efo plant y stad yn y Bontnewydd ac mae'n siŵr nad oedd hynny wedi helpu!

"Ond dwi'n siŵr o'n i a Dad 'di bod yn dy wylio di, Ffion. A 'nathon ni *cheerio* bo' chdi 'di sgorio gôl."

A bydd y teulu'n eistedd efo'i gilydd i wylio Cymru'n chwarae ar y teledu. Ond snwcer, fel y clywn ni yn y man, yw'r gamp y bydd Haf yn dewis ei gwylio ar y teledu... ac athletau.

Ac ym maes athletau wnaeth hi ddisgleirio gynta, gan ennill medalau am redeg tra'n cystadlu efo Ysgol Pendalar yn y Welsh Special Games yng Nghwmbrân, cyn gwneud cyfweliad efo Gwyn Llewelyn, fel y clywsom eisoes.

Ond gyda nofio mae Haf yn rhagori. "Mewn pwll, 'de. Dwi ofn boddi yn y môr!" meddai hi. Ond dydy hynny ddim yn debygol o ddigwydd mewn gwirionedd, gan ei bod hi'n nofwraig mor gref.

Haf yn nofio

"Mam Bryn Terfel 'nath ddysgu chdi i nofio... ma hi'n falch o gael deud!" meddai Ann.

Roedd Nesta Jones, mam Bryn, yn gymhorthydd yn Ysgol Pendalar ac hi wnaeth ddysgu'r gwahanol ddulliau i Haf, ym mhwll bach yr ysgol i ddechrau ac yna ym mhwll mawr Canolfan Hamdden Arfon.

"Ac o'n i'n goro mynd fel hyn ati hi, 'de... *doggy paddle* ia? Am bo' fi ddim 'di dechra neud y *swing* yn iawn eto. Hwnna o'dd gynta. I neud yn siŵr bo' fi'n mynd yn iawn."

A chyn pen dim roedd Haf wedi meistroli'r dull rhydd, dull broga a'r dull pili-pala. Ar ôl gadael yr ysgol byddai ei thad yn mynd â hi i nofio. "Oeddan ni'n mynd bob bora dydd Sul i gadw'i ffitrwydd hi i fyny, a hyn a'r llall." Un o sgileffeithiau syndrom Down yw tueddiad at lai o nerth yn y cyhyrau; hefyd, gall arwain at broblemau thyroid sydd yn ei dro yn medru achosi problem efo pwysau. Rhwng popeth felly, roedd cadw'n ffit yn hynod o bwysig.

Ar ddiwedd yr 1990au, roedd Haf yn cael gwersi nofio pellach ym mhwll Plas Menai ger Caernarfon ("Hans o'r Almaen oedd yn dysgu fi"), ac yn 1999 penderfynodd hi wneud nofio noddedig i godi arian at Ward Alaw,

Haf yn cyflwyno'r siec i Manon Ogwen Williams, Ward Alaw. Defnyddiwyd yr arian i brynu dwy gadair arbennig i'r cleifion eu defnyddio yn yr ystafell ddisgwyl.

Ysbyty Gwynedd. Roedd hyn yn lle'r cyngerdd Nadolig arferol yng Nghyngor Gwynedd ac mi lwyddodd i godi £1,500 drwy nofio 40 hyd o bwll Canolfan Hamdden Caernarfon, sef un cilomedr.

Ond yn 2006, pan ddeallodd Haf fod ei hen ysgol am symud safle ac angen codi arian at brynu offer newydd, penderfynodd ei bod hi am helpu.

- "Nofio noddedig oedd y syniad unwaith eto," meddai Irfon. "A dwi'n cofio mynd ddwywaith, deirgwaith yr wsos efo Haf bryd hynny, er mwyn iddi gryfhau. 'Mond mynd efo hi i'w hannog ymlaen. O'dd hi'n neud *crawl*, ond o'dd hi gryfa yn y *breaststroke*, felly honna o'dd hi'n 'i neud fwya."

- "Ia, ac oedd Dad yn dda, yn cyfri faint o belltar o'n i'n gallu'i neud heb ddim stop. A be 'nes i ar y diwadd, er mwyn i fi gael mynd yn sydyn, a mi 'nes i neud hwn am hir... fel'na (pill-pala!)"

Oherwydd y tro hwn, roedd Haf yn bwriadu nofio'n sylweddol bellach nag y gwnaeth hi 'nôl yn 1999:

- "Mi o'dd pwll Caernarfon yn 25m o hyd. Wedyn 'nes i weithio allan, i neud milltir fasa hi isio nofio 65 hyd y pwll. Felly roeddan ni wedi penderfynu – 'awn ni am y filltir'."

Erbyn noson y nofio roedd cannoedd o ffurflenni noddi wedi'u rhannu a'u llenwi, ac roedd ffrindiau wedi dod i gefnogi. Roedd byrddau wedi'u codi yng nghyntedd y ganolfan i werthu cacennau a phethau eraill i godi mwy o bres at yr achos. Ond tybed a fasa Haf yn llwyddo i nofio'r filltir? Roedd Irfon yn gwbl ffyddiog y gallai hi gwblhau'r her.

"Oedd yr ymarferion oeddan ni wedi'u gneud wedi talu 'de, achos er nad oedd hi'm 'di neud 65 o blaen, oedd hi wedi neud hannar cant o *lengths* yn y pwll... Do'n i'm isio ei phwsiad hi mwy na hynny, achos o'n i'n gwbod, 'pymthag arall, mi neith hi o', 'de."

Haf ar fin nofio milltir, 2006

Roedd defnydd arferol o'r pwll y noson honno ond roedd staff y Ganolfan wedi cau un lôn ar gyfer Haf, yr un nesaf at yr ochr lle roedd Irfon yn cyd-gerdded â hi.

Haf yn dathlu ar ôl gorffen, gydag Irfon

- "Oedd Haf yn nofio'n braf 'de, dim straen o gwbl, a finna 'mond yn cerddad yn ei hannog hi. O'n i'n deud 'tha hi bob hyn a hyn faint oedd hi 'di'i neud, 'de. Mi 'nest ti o'n ddi-stop, do?"

- "Do, o'dd raid i fi gario ymlaen, o'dd pawb yno'n cefnogi, chwara teg."

A doedd Haf fawr gwaeth ar ôl cwblhau'r her.

"O'n i 'di blino, 'nghoesa i'n brifo... dwi'm yn siŵr am y breichia... stiff ella... ond o'n i 'di mynd *all the way*, yn do!"

Do wir, ac mi gafodd hi gefnogaeth frwd ar y noson gan y dorf fechan oedd yn gwylio. Erbyn hel yr addewidion gan y noddwyr i gyd, roedd hi wedi codi £7,450. Soniodd Haf ryw dro am ei hymdrechion codi arian yn gyffredinol: "Mae'n fy ngwneud i'n hapus iawn os oes ychydig bach o arian yn medru helpu rhywun arall."

Ond unwaith eto, roedd wedi llwyddo i godi swm anrhydeddus iawn at achos da, i gyd drwy nofio.

* * *

Y dyddiau hyn mae Haf yn cadw'n heini nid trwy nofio ond trwy fynd i'r gampfa yng Nghaernarfon:

"Dwi'n mynd ar wahanol betha, y beic... a rhwyfo, dwi'n licio hwnnw, 'nôl ac ymlaen, 'nôl ac ymlaen... a dwi'n mynd ar y *treadmill*, ond cerddad ia, haws cerddad na rhedag, rhag ofn i fi ddisgyn off!"

10

Ambiwlans Awyr

Mae'r rhan fwyaf o ymgyrchoedd codi arian Haf wedi parhau am flwyddyn yn unig, gan godi unrhywbeth o rai cannoedd i filoedd lawer. Ond bu ei hymgyrch fwyaf llwyddiannus, er budd Ambiwlans Awyr Cymru, yn rhedeg am gyfnod hirach, o Ragfyr 2004 tan Chwefror 2006, ac yn ystod y cyfnod hwnnw, llwyddodd Haf i godi y swm o... wel, os dach chi isio gwybod faint yn union, bydd rhaid i chi aros tan ddiwedd y bennod. Ond fe gewch eich synnu!

Lansiwyd yr apêl ym Maes Awyr Caernarfon, a'r tro hwn, yn ogystal â'r elw o gyngherddau Nadolig 2004 a 2005 (a thaith gerdded i ben yr Wyddfa, fel cawn glywed yn y man), bu Haf wrthi'n annog pobl i gasglu pum ceiniogau. Cafodd y syniad, meddai hi (mewn cyfweliad â'r BBC), ar ôl bod mewn cyngerdd yn Llanberis. Roedd wedi sgwrsio efo dyn oedd wedi gwneud rhywbeth tebyg, ac fe roddodd hwnnw fagiad o ddarnau pum ceiniog iddi a dweud wrthi am ddechrau codi pres ar gyfer elusen o'i dewis ei hun:

> "Y rheswm pam 'nes i ddewis elusen yr Ambiwlans Awyr," meddai, "oedd am ei bod yn neud gwaith da yn achub pobl o'r mynyddoedd, y môr ac wedi damweiniau ar lonydd."

Cafodd Irfon fenthyg 100 o focsys casglu gan Fanc Barclays ac yna dechreuodd y gwaith o ddosbarthu'r rheini, eu casglu pan oedden nhw'n llawn, a'u rhannu eto i'w llenwi eilwaith weithiau. Roedd yn dipyn o gontract i wneud hyn (a chadw cofnod o'r cwbl!) ac mae ei rhieni yn cydnabod yr holl help a gafodd Haf gan gymaint o'i chyfeillion:

- "Dyna sy'n wir am be ma Haf 'di'i neud," meddai Ann, "dim jest Haf ar 'i phen ei hun sy 'di neud hyn. Chwara teg, mae isio pwysleisio hynny. O'dd 'na bobl erill, doedd."

- "Ond fatha 'san nhw'n 'i ddeud yn Susnag," meddai Irfon, "mae hi'n *frontman* – roedd Haf fath â *front woman* yn y peth'ma, 'de."

Doedd ei hymroddiad hi i'r apêl ddim tamaid yn llai, serch hynny. Gwnaeth Haf sawl apêl am gefnogaeth mewn cyfweliadau efo'r papurau newydd ac ar y radio, a byddai'n mynd allan efo'i thad i rannu'r bocsys arian. Roedd hynny'n job ynddi ei hun – roedd cant ohonyn nhw wedi'r cyfan!

- "O'n ni'n ffonio pobl o flaen llaw," meddai Irfon, "ac os oedd rheini'n deud 'iawn, dim problam' oeddan ni'n danfon y bocsys i bob man lle oeddan ni'n cael 'u gadal nhw, mewn tafarndai a bob dim, 'de. Oedd 'na rai yn Aberystwyth, Sir Fôn, Deiniolen... 'rhen Dafydd Twins – 'nath o lenwi tua pedwar llond bocs efo pum ceinioga..."

- "Caerdydd oedd y lle pella, yndê Ffi?" meddai Haf.

- "Ia," cytunodd Ffion. "Es i â rhyw bedwar neu bump lawr i Gaerdydd, rhai i siopau, ac un chwara teg, yn nerbynfa'r BBC, achos mae 'na gymaint o fynd a dŵad yn fanno. Roedd 'na label 'Ymgyrch Pum Ceiniog Haf i Ambiwlans Awyr' ar y bocsys, a llun o Haf."

- "A dwi'n ddiolchgar iawn i bobl am roi gymaint o arian."

Wrth i'r sôn am yr apêl ledaenu, byddai'r teulu'n cael galwadau ffôn gan rywrai oedd wedi bod wrthi'n casglu pum ceiniogau

Haf closing in on million coin target

By ERYL CRUMP

Money raised will go to Air Ambulance

Haf Thomas with just a handful of the 180,000 five pence pieces she has so far collected for Wales Air Ambulance

A NORTH Wales fundraiser is well on the way to collecting a million five pence pieces in aid of her latest chosen charity.

Council worker Haf Thomas, from Llanrug, near Caernarfon, is collecting cash for Wales Air Ambulance.

And since launching the campaign 12 months ago she has raised more than £9,000 – a staggering 180,000 five pence pieces.

"People have been so generous," said 33-year-old Haf. "And because I've collected for other charities in the past many feel as if they know me, which is delightful.

"I decided to support the Wales Air Ambulance because it costs £1,000 each time it is launched so funds are definitely needed," said Haf who works for Gwynedd council.

Over the past decade she has raised more than £7,000 for charities such as Tŷ Gobaith, Ysbyty Gwynedd's Alaw Ward, Riding for the Disabled, Children in Need, Eryri Hospital, Unicef and the Afghanistan Appeal.

"Most of the money has been raised at Gwynedd council's Christmas concert which I've been arranging for the last ten years," said Haf.

"To begin with it was a small affair held in the reception area. But it has since grown and now fills the roomy Dafydd Orwig Chamber.

"This time I used the concert to kick start the fundraising campaign and this year alone I

arrange other things."

These included a collection day at Morrisons, Caernarfon, which yielded £600 while a further £250 was raised on the National Eisteddfod field at the Faenol and a sponsored walk up Snowdon brought in another £2,000.

Praising Haf's fund-raising efforts Gwynedd Council chairman councillor Arwel Jones said: "We are all delighted at the wonderful work that Haf has undertaken."

● To help Haf raise the money - and cash need not be in five pence pieces - call her on 01286 673929.

Haf yn y Daily Post

lleb fod ganddyn nhw fuo ag yn gofyn i Haf ac Irfon fynd i'w nôl nhw.

"Dwi'n cofio un," meddai Irfon, "rhyw bentra bach wrth ymyl Treffynnon i fyny ar ochr y mynydd. Halkyn neu rwbath fela? O'dd o'n anhygoel fel oeddan nhw'n dod i fewn, 'de."

Dro arall, fe wnaeth dyn o Flaenau Ffestiniog droi i fyny ar stepen eu drws nhw efo potel wisgi anferth a llond honno o arian. Aeth y casglu ymlaen am fisoedd a chyda cynifer o focsys allan ar draws Cymru ac arian yn dod i mewn o gyfeiriadau eraill roedd angen trefn.

"Dwi'n cofio fi'n rhestru nhw i gyd," meddai Irfon. "Ac o'n i'n gwbod lle oedd y bocsys, ac o'n i'n medru ticio nhw fel oeddan ni'n 'u cael nhw nôl. O'n i'n gweld hynny'n bwysig, 'de."

Dim ond un bocs aeth ar goll yn ystod y cyfnod casglu, a hwnnw, chredwch neu beidio, wedi ei adael mewn banc! Ond yn ogystal â'r apêl am bum ceiniogau, trefnwyd un digwyddiad mawr arall i godi arian at Ambiwlans Awyr Cymru, fel mae Haf yn egluro:

"Mi o'dd gen i ffrind o'dd yn gweithio efo fi yn y Cyngor, Karen 'lly, ac wedyn 'nath hi drefnu taith gerddad i fyny'r Wyddfa. Oedd criw ohonyn nhw 'di dŵad i Lanberis, ac wedyn pawb at ei gilydd a deud eu henwa nhw, pwy sy'n mynd i gerddad 'lly, ac off â nhw i fyny'r Wyddfa."

Karen oedd wedi trefnu'r ffurflenni noddi a hysbysebu'r daith, ond er iddyn nhw ddewis cerdded ym Mehefin, doedd dim modd cael trefn ar y tywydd!

"Oedd hi i fod yn braf, doedd," meddai Irfon. "Roedd hi'n iawn pan oeddan ni'n cychwyn, sych a mymryn o haul. Ond fel oeddan ni'n dringo hannar ffordd i fyny, mi aeth hi'n niwlog ac yn damp – ac mi ddoth hi'n hegar fel ddaethon ni 'nôl lawr."

Ond doedd Haf ddim yn cerdded efo'i thad. Roedd pawb ar y daith gerdded wedi cyfrannu'n barod, doedd dim pwynt ysgwyd bocs casglu o'u blaenau a gofyn am fwy. Roedd syniad arall gan Haf...

"Felly 'nes i fynd ar y trên efo Brenda," meddai Haf, "ac o'dd pobl yn rhoi pres inni yn fanno, fi a Brenda'n mynd rownd efo bwcad, a bocs bach, yn hel pum ceinioga. Ac o'n i'm yn dallt be o'dd hi'n ddeud, dwi'm yn cofio sut oedd y geiria yn Saesnag, so wna i ddeud o'n Gymraeg: "Mae Haf yn codi arian i wahanol elusennau" meddai, ac wedyn dangos y bwcad a'r bocs, a phawb ar y trên yn rhoi pum ceinioga hefyd!"

Ar ôl seibiant yn y caffi ger y copa ("Ac yn waeth byth, 'de, doedd y toilet ddim yn gorad, dwi'n cofio'n iawn!") roedd Haf a Brenda wedi cyrraedd yn ôl i Lanberis o flaen y lleill, ac i ffwrdd â nhw i Westy'r Royal Victoria i aros amdanyn nhw. Dyma'r cerddwyr yn dechrau cyrraedd fesul dau a thri, yn wlyb ond yn fodlon, ac yn falch o'r cyfle i gael diod ac i sychu. Roedd y lle'n brysur iawn erbyn hyn, am fod 'na briodas yn y stafell fawr drws nesa.

– "Ti'n cofio'r dyn 'na yn dod atach chdi yn y gwesty?" gofynnodd Irfon.

– "O, yndw."

– "Dyn hollol ddiarth i ni, yn grand yn ei siwt, 'de. A dwi'n cofio'i eiria fo. 'Chdi di'r *interference* dwi'n gweld ar y teli?' medda fo wrth Haf!"

– "Do'n i'm yn gwbod be i ddeud 'tha fo!" chwarddodd Haf.

– "Nabod Haf 'nath o, wedi'i gweld hi ar y cyfrynga ma siŵr, ar y bocs, 'de. 'Be ti'n ei wneud, felly?' medda fo wedyn wrth Haf..."

– "... A dyma fi'n deud 'tho fo bod ni wedi bod i ben Wyddfa a'n bod ni'n codi arian at Ambiwlans Awyr. 'Ty'd efo fi,' medda fo..."

–   "A dyma fo'n gafael yn llaw Haf, ac off â hi efo'r bwcad, i ganol y briodas. Oedd o efo'r briodas, yli, a dyma'r bobl yn rhoi arian yn y bwcad, 'de! Gest ti helfa dda'n fanna, do?!"

–   "Do, do, mi o'dd y bwcad yn drwm! Gymaint o bobl 'di bod yn ffeind iawn efo'r pres yn y bwcad. Dwi'n ddiolchgar iawn iddyn nhw, a'r bobl erill hefyd dach chi'n gwbod, dwi'n ddiolchgar iawn!"

Yn ôl Irfon, roedd Haf yn wên o glust i glust yn gadael y Royal Victoria y diwrnod hwnnw. Unwaith eto, roedd hi wedi llwyddo i ysbrydoli pobl o'i chwmpas i weithredu dros achos da.

–   "Mae'n anhygoel faint o bobl 'nath gymryd diddordab yn y peth. 'Sat ti'm yn coelio. O'n i bob nos ar y bwrdd yn cyfri arian, 'de."

–   "Oedd raid i chdi gael help Meirwen Lloyd," ychwanegodd Ann, "bancar di'i gŵr hi, 'de."

–   "Do, pan ddoth hi at y diwadd... gafon ni barti wedyn i ddiolch i bawb, do?"

–   "Ew ia parti," meddai Haf, "yng nghlwb pêl-droed Caernarfon. Brenda a Karen drefnodd hwnnw! A teisan! I bawb oedd wedi trefnu'r daith ac i'r rhai aeth i fyny'r Wyddfa, a ffrindia ni oedd wedi helpu i gyfri arian a ballu, 'de."

Ond cyn hynny, roedd rhaid trosglwyddo'r holl arian a gasglwyd, a dyna a wnaed ar ddiwrnod olaf Chwefror 2006. Roedd hi'n ddiwrnod prysur i Haf, fel nododd hi yn ei dyddiadur:

Haf yn torri'r deisen

"Dwi wedi cymryd diwrnod off heddiw 'ma... roeddwn i'n siarad ar Champion FM ac roedd Dad a fi yn siarad yn fyw ar raglen Nia a Hywel ar Radio Cymru hefyd..."

Dyma uchafbwynt yr holl waith casglu arian, dyma'r diwrnod lle roedd Haf yn cael mynd i Faes Awyr Dinas Dinlle i drosglwyddo siec 'Apêl Haf i'r Ambiwlans Awyr'. A dyna wnaeth hi yn ymyl yr hofrennydd ei hun.

Ond doedd Haf ddim yn disgwyl yr hyn a ddaeth wedyn. Ar ôl tynnu rhagor o luniau efo rhai o'r merched o'r gwaith oedd wedi bod yn helpu i godi'r arian, dyma Anna Evans o'r Ambiwlans Awyr yn gwneud cyhoeddiad, yn ôl Irfon:

Cyflwyno'r siec i'r Ambiwlans Awyr, 28 Chwefror, 2006

– "Dyma hi'n deud, gynnon ni syrpréis i chi. Mae Haf ac un person arall yn cael mynd i fyny yn yr hofrennydd!"

– "A Dad oedd hwnnw!" ychwanegodd Haf. "O'n i'n mynd i gefn yr hofrennydd Ambiwlans Awyr, a digwydd bod, mi o'dd Dad yn y ffrynt. Gwynab Dad wedi mynd yn wyn fel eira, 'sti! Oedd o'n mynd yn sâl."

Nid y tywydd oedd y broblem yn ôl Irfon:

– "O'dd hi'n ddiwrnod braf iawn, er mai mis Chwefror oedd hi. Oedd 'na dipyn o eira, doedd, ond o'dd hi'n swnllyd, 'de! Oedd fy stumog i'n troi!"

– "Ond o'n i'n jampion! Wrth fy modd! O'dd o'n mynd â ni drwy'r awyr yn dilyn Afon Menai a 'nathon ni sbio rownd, dangos Ysbyty Gwynedd o danon ni... a Chaernarfon hefyd, wrth ymyl y castell yn fanna."

Ryw hanner awr o daith a gawson nhw – a honno'n hanner awr hirach i Irfon, mae'n debyg! I gloi'r diwrnod, roedd yr Ambiwlans Awyr wedi trefnu *buffet* bach yng nghaffi'r Maes Awyr, ac un syrpréis olaf i Haf:

"Oedd 'na ryw *presentation* bach, ac mi ges i focs efo enw Ambiwlans Awyr arno, a be oedd ynddo fo ond breichled i fi..."

A dyma Ann yn dangos y freichled i mi:

Haf yn yr hofrennydd

– "Ac mae 'Ffrind Ambiwlans Awyr' wedi'i sgwennu arni hi. Ti'n gwisgo hi weithia, yn dwyt?"

– "Yndw tad. Ac ma'n deud, yn fan hyn yn y cefn, faint o'n i wedi codi... £22,200!"

Swm anhygoel! Ac er cymaint o arian mae Haf wedi llwyddo i'w godi i wahanol achosion dros y blynyddoedd, dyma'r swm unigol mwyaf o dipyn. Ac yn llawn haeddu pàs mewn hofrennydd!

* * *

Ac mae un ôl-nodyn bach i hanes Apêl yr Ambiwlans Awyr. Ar y 3ydd o Ragfyr 2007, roedd Haf newydd orffen ei gwaith ac wedi cerdded i fyny'r stryd o swyddfeydd Cyngor Gwynedd...

"Reit, ma 'na stori fan hyn! O'n i wedi cael gwahoddiad i gael agor siop Ambiwlans Awyr Cymru yn G'narfon. A ges i'r fraint o gael bod yna efo Bryn Terfel i agor y siop."

Gofynnais a oedd hi wedi dweud gair o gwbl yn yr agoriad?

"Na, o'n i'n gadal i Bryn neud hynny! Ac wedyn oedd Bryn 'di deud ei bwt o, a ges i dynnu'n llun efo fo. O'dd o'n ffantastig!"

Haf a Bryn, ar ôl agor siop Ambiwlans Awyr, Caernarfon

11

Morwyn briodas – a bod yn gefn i gyfaill

Yng nghanol prysurdeb Apêl yr Ambiwlans Awyr, roedd 25 Mehefin, 2005, yn ddiwrnod arbennig iawn i Haf. Dyma ddiwrnod priodas Eiriona, un o'i ffrindiau gorau yng Nghyngor Gwynedd, ac roedd gan Haf gyfrifoldebau arbennig y diwrnod hwnnw. A dweud y gwir, roedd hynny wedi'i setlo sawl blwyddyn ynghynt, fel yr eglurodd Eiriona:

> "O'n i 'di priodi o'r blaen, ac o'n i'n ista efo Haf yn Caffi Cei ryw amsar cinio, a dyma fi'n deud wrth Haf, jest deud *out of the blue*, 'Gwranda, os dwi'n priodi ryw bryd eto yn y dyfodol, mi wyt ti'n mynd i fod yn forwyn i mi.' ''Swn i wrth fy modd, Eiriona!' medda Haf, 'dwi'n edrych ymlaen yn barod!'"

Ond roedd hyn cyn i Eiriona hyd yn oed gyfarfod â Raymond, ei hail ŵr! Rai blynyddoedd wedyn, ar ôl iddi hi â Raymond ddod at ei gilydd, dyma Eiriona yn cael cinio unwaith eto efo Haf yn Caffi Cei:

> "A dyma fi'n troi at Haf a deud, 'Mae gen i newyddion i chdi. Mae Raymond a fi'n mynd i briodi.' A dyma hi'n sbio arna i a deud, 'Ti'n cofio 'mod i'n mynd i fod yn forwyn i chdi, yn dwyt?' 'Wel, wrth gwrs!' medda fi, ''Swn i'm yn priodi hebddot ti!'"

Aeth Eiriona efo'r ddwy forwyn arall i Gaer i ddewis ffrogiau – roedd Haf yn methu mynd ar y diwrnod hwnnw. Ond pan welodd Haf y ffrog am y tro cyntaf roedd hi wrth ei bodd:

Haf yn ei ffrog forwyn priodas

"Waw – dyna be o'dd disgrifiad fi, felly. O'n i'n edrych mlaen at gael mynd i'r briodas! Mi o'dd hi'n ffrog o liw glas, ac yn cyrradd at 'y nhraed i. O'n i'n goro cofio codi chydig bach ar y ffrynt, er mwyn cael fy nhraed i fyny'r steps. Ac roedd 'na straps yn fama, tsaen, bloda."

Yng ngwesty'r Vic yn Llanberis oedd y briodas, a'r parti wedyn, ac ar y diwrnod mawr roedd Eiriona a'i morynion yno'n gynnar – "Gafon ni neud ein make-up a'n gwalltia" – cyn y seremoni ei hun:

"Eiriona ddoth gynta, a'i gŵr hi, sef Raymond. So, nhw oedd yn mynd gynta, a'r morwynion yn mynd tu ôl i'r ddau. A phan oeddan nhw'n cyrradd y blaen o'n i'n sefyll, efo Jackie ei ffrind hi.

Tynnu llunia wedyn, a'r ffotograffydd yn un diwyd iawn, yn ôl Haf:

"O'dd o'n mynd *clickety-click, clickety-click*! Allan yn yr ardd oeddan ni, ac o'dd Eiriona yn edrych yn hardd iawn yn ei ffrog hitha. Roedd o'n ddiwrnod sbesial o ddathlu efo ffrindia arbennig. Mi o'dd dawns briodas gyntaf Eiriona a

Raymond yn neis ofnadwy, ac mi gafon ni buffet bendigedig a disgo ffantastig! Diwrnod bythgofiadwy, yn wir."

* * *

Ers hynny mae Eiriona wedi cael ambell gyfnod anodd o ran ei hiechyd, ond bu Haf yn gefn iddi drwy'r cyfan. Es i draw i dŷ Eiriona i gael yr hanes:

"O'n i'n cael *chemotherapy*... ew, o'dd hwnnw'n anodd... anodd ofnadwy. Ac wedyn ar ôl i mi ddarfod y *chemotherapy* ges i *radiotherapy* wedyn. Ond mi ddois i drwyddo fo... dwi yma i ddeud y stori, a heb ffrindia dwi ddim yn meddwl y baswn i...

O'dd Haf yn dda ofnadwy. Do'dd na'm llawar o ddim byd o'dd hi'n gallu'i neud, ond o'dd hi'n ffonio, o'dd hi'n tecstio fi ddwywaith, dair yr wythnos ac oeddan ni'n siarad ar y dydd Mercher drwy WhatsApp, ac, a deud y gwir yn onast 'thach chi, 'blaw am weld ei gwynab hi, 'de... o'dd hi bob tro'n gwenu ac yn glên ac yn ffeind, dach chi'n gwbod... Ac yn deud petha neis, 'de. Pan o'n i ar fy ngwaetha 'de, o'dd o mor neis siarad efo hi..."

Daeth y sgyrsiau ffôn rheolaidd yn arfer unwaith eto yn ystod y cyfnodau clo:

"Ia, mi o'dd Covid yn anodd iawn i'r ddwy ohonon ni, dwi'n meddwl. Ond o leia oeddan ni'n siarad efo'n gilydd. Oeddan ni'n cael *video call* bob dydd Mercher, 6 o'r gloch *on the dot*."

Ac mae'r sgyrsiau wythnosol wedi parhau.

Haf ac Eiriona

"Mae jest yn gyfle dal i fyny efo be 'dan ni 'di bod yn 'i neud drwy'r wythnos 'de, a chael *chat* bach. Ac mae Haf yn gês, 'de. Duda bod hi'n deud rwbath neis amdana i, bydda i'n deud: 'flattery will get you...' a bydd Haf yn deud '... everywhere!' a chwerthin!"

Mae'r ddwy yn dal i gyfarfod i fynd i siopa ac i fynd am ginio neu swper efo'i gilydd.

"Bob blwyddyn 'dan ni'n dwy'n mynd am ginio Dolig efo'n gilydd, trît fi ydi o, mae o'n rhan o'i phresant Dolig hi... "

A'r ciniawau hyn wnaeth roi syniad i Eiriona am anrheg anghyffredin y gallai roi i'w ffrind:

Haf a'i sôs coch personol!

"Mae Haf wrth ei bodd efo sôs coch... ma hi'n ca'l sôs coch efo bob dim ac o'n i'n jocian ers talwm bod hi'n licio dipyn bach o fwyd efo'i sôs coch! A dyma fi'n gweld Heinz yn hysbysebu bo' chi'n gallu cystomeisio'u poteli nhw fel presant, felly 'nes i ordro dwy botal iddi hi yn deud 'Sôs Coch Haf'!"

I gloi ein sgwrs, gofynnais i Eiriona geisio crynhoi sut beth oedd bod yn ffrindiau efo Haf:

"O, peidiwch plis, mae Haf… mae hi'n un mewn miliwn… mae hi'n fraint ac yn blesar ei galw hi'n ffrind. Mae hi'n hogan mor ffeind – ac ma hi'n glyfar hefyd… dwi'n meddwl 'swn i ar goll hebddi, baswn wir."

12

Dawnsio llinell – a cholli ffrind

Fel y clywsom yn barod, un o ffrindiau pennaf Haf yn y gwaith
– a thu allan – oedd Brenda Brown. Byddai'r ddwy'n cael cinio
efo'i gilydd bob dydd Mawrth; ac yna ar nos Fercher, bydden
nhw'n mynd efo'i gilydd i ddosbarth dawnsio llinell.

– "Oedd gynnon ni un ym Mhenisarwaun i ddechra efo'i,"
  meddai Haf, "fanna 'nath y *line dancing* gychwyn; i'r
  Sefydliad yn Llanrug wedyn, ac wedyn aethon ni lawr i Dre
  i'r Conservative Club... mae o'n 'run lle â'r Cyngor."

– "Mi o'dd Brenda'n dod i nôl chdi, doedd, o Bethal," meddai
  Ann, "ac yn dŵad â chdi adra wedyn."

Haf efo athrawon y dosbarth, Jan a Ken

Gofynnais i Haf ddangos ychydig o stepiau a dyma hi'n symud cadeiriau'r gegin i roi mwy o le iddi hi'i hun

– "Dyma 'Ache-y Break-y Heart'... da na na na na na... Honna oedd y gynta i ni'i ddysgu, ac wedyn o'dd gynnon ni wahanol ganeuon erill. Caneuon Susnag oeddan nhw."

– "Oedd y ddwy ohonoch chi'n gwisgo hetia i fynd i ddawnsio llinell, doeddach?" meddai Ffion.

– "Oeddan. Hetia cowboi!"

Dangosodd sut oedd y llinell yn symud, gyda phawb yn dilyn ei gilydd, a'r stepio o sawdl i flaen troed. Holais am y sgidiau oedden nhw eu gwisgo:

Haf yn dawnsio llinell

"Bŵts ia, bŵts du a phetha bach coch o'u cwmpas nhw, so, fel hyn oedd o'n mynd... fela, fela, fela a 'nôl dau tri. Oeddan ni'n goro cyfri. A dwi 'di neud lot fawr o ffrindia yn fanno hefyd."

Er bod Haf ar ei chyfaddefiad ei hun ychydig yn nerfus ar y dechrau, roedd Brenda'n gefn iddi a buan y daeth i arfer â'r symudiadau a'r stepiau i gyd. Cymaint felly, dechreuodd groesawu aelodau newydd i'r dosbarth:

"Mae Sel yn newydd yma heno, felly dwi am i chi roi pob chwara teg a pharch i'r hogyn, achos nid peth hawdd ydi dawnsio llinell. Croeso aton ni, Sel. Sticia efo fi a byddi di'n iawn!"

Ond doedd Haf ddim yn gwbl ddibrofiad pan ddechreuodd hi ddawnsio llinell. Roedd hi'n hoff iawn o'r grŵp merched Con ji, fu'n canu a dawnsio weithiau ar raglen *Noson Lawen* yn ystod yr 1990au.

"Oedd 'na bedair o genod yn y Con-ji – Dyddgu, Rhian, Nia a Medwen. Ac o'n i isio rhoi *entertainment* i Mam a Dad a Ffion a 'nes i neud y gân, 'Ma gynnan ni broblam a honno'n un fawr' a 'nes i gopïo nhw, do, o'r teledu. O'dd gen i recordiad ohonyn nhw ar fideo i fi gael cofio'i symudiadau nhw."

Felly, a hithau wedi bod yn meistroli rwtinau Con-ji, sdim rhyfedd iddi gymryd at ddawnsio llinell gystal, ac yn medru cadw i fyny efo'i ffrind, Brenda:

"Dwi'n cofio un tro 'nath hi ofyn i mi, 'Fasach chdi'n licio dod efo fi i Sir Fôn i gael dewis dillad?' Wedyn ges i fynd i

Sir Fôn i brynu dillad cowboi ar gyfar y dosbarth dawnsio."

Roedd y ddwy yn dipyn o lawiau efo'i gilydd, a Brenda wnaeth gyflwyno Haf i rywbeth arall sydd wedi bod yn bwysig iddi – caneuon y band Westlife!

– "Hoff gân Brenda oedd 'Incredible', honna oedd ei *favourite* hi. A *favourite* fi ydi 'Uptown Girl'."

– "Oedd hi'n licio 'The Rose' hefyd, doedd?" meddai Ffion yn synfyfyriol.

– "Oedd..." ochneidiodd Haf.

– "Pa un ydi hoff gân dy fam gan Westlife?" gofynnodd Ann i godi'r hwyliau.

– "Dwi'n mynd i sôn am Mam 'ŵan. Ma hi'n licio 'Queen of My Heart' – am fod Mam yn Queen bob amsar!"

Haf yn ei gwisg Con-ii

Haf a Brenda, 2003

– "Sgersli belîff!" chwarddodd Ann.

– "Mi ydach chi i fi!" atebodd Haf.

Mae cofio Brenda bob tro'n brofiad chwithig i Haf am iddi farw'n sydyn yn 2007, a hithau ond yn 52 oed.

– "Un dda oedd hi," meddai Ann.

– "Ffrind gora, ffrind da iawn i fi. Gwenu bob tro. Dwi'n dal i sôn amdani, ti'n gwbod, dwi'n dal i feddwl am Brenda..."

– "Ti'n gweld hi bob dydd ar wal dy lofft."

– "Yndw, dwi'n deud 'Helô, Brenda'."

Roedd y ddwy wedi gwneud cymaint efo'i gilydd, gan gynnwys y cyngherddau Nadolig yn y Cyngor, a doedd gan Haf ddim awydd cario ymlaen wedyn i drefnu'r rheini heb Brenda. Ond doedd hynny ddim yn golygu rhoi stop ar y codi arian – dim ond newid cyfeiriad ychydig, fel y gwelwn yn y bennod nesa.

13
Cardiau Haf

Ar ôl colli ei ffrind Brenda Brown yn 2007, trodd Haf at ffordd newydd o godi arian, sef cardiau cyfarch. Yr un oedd y patrwm â chynt, yn nyddiau'r cyngherddau Nadolig, sef fod Haf yn dewis elusen newydd bob blwyddyn ac yn hel arian tuag ati am y deuddeng mis canlynol, ond bellach ei phrif weithgarwch oedd cynhyrchu a gwerthu cardiau. Fel mae Haf yn dweud ei hun:

> "Dwi'n mwynhau gneud petha gwahanol efo 'mywyd i! A dwi'n gwbod y basa Brenda wrth ei bodd bo' fi'n parhau i godi arian ac yn dysgu rwbath newydd."

Dechreuodd Haf fynd efo'i mam i ddosbarthiadau gwneud cardiau yng nghanolfan Caban, Brynrefail yn 2007:

> "Pat Cae Coch o'dd yn gyfrifol am y dosbarth cardia, ac yn fanno ges i'r syniad o neud cardia 'n hunan adra, a'u gwerthu nhw i godi arian i wahanol elusenna."

Daeth y cwrs hwnnw i ben ond roedd Gwenda, ffrind i Haf, wedi bod ar y cwrs hefyd a dechreuodd Haf fynd i'w thŷ hi yn Llanrug bob nos Wener, efo llond bag o bethau gwneud cardiau:

> "O'n i'n methu aros nes i nos Wenar gyrradd, achos o'n i wrth fy modd efo Gwenda, ac oeddan ni'n cael tipyn o hwyl efo'n gilydd. A bydda hi'n deud ryw betha, 'de! Os o'dd rhwbath yn gam, o'dd hi'n deud, 'Ma hwnna'n sgi-wiff!'

Haf a Gwenda wrth y bwrdd yn barod i greu cardiau

Gwenda'n dangos techneg newydd

Ac wedyn pan oeddan ni wedi bod wrthi'n gneud cardia, oeddan ni'n cael brêc bach. A'i gŵr hi, sef Arwyn – fo ydi dyn y panad – ac oeddan ni'n cael cacan fach efo fo bob wythnos, chwara teg iddo fo! Mi 'nes i ddysgu lot fawr gan Gwenda; torri a gludo, defnyddio siswrn arbennig, a chyllall fain i osod sticeri a *peel-offs* bychain ar gardyn.

Ar ôl bod yn nhŷ Gwenda, o'n i'n mynd adra wedyn i ddangos y cardia o'n i 'di'u gneud y noson honno ac o'dd Mam yn deud, 'Maen nhw'n harddwch mewn amlen!'"

Dyma drefniant wythnosol a barhaodd tan y cyfnod clo, a byddai Haf wrthi'n ddiwyd dros y penwythnos, yn gwneud mwy o gardiau i'w cael nhw'n barod i'w gwerthu.

"Dwi wrth fy modd yn hel syniadau ar gyfar cynllunio cardyn newydd a gosod patrwm ac ychwanegu lliw iddo fo," meddai Haf.

Gofynnais iddi ddangos rhai o'r defnyddiau crai imi. Mae'n prynu'r rhan fwyaf mewn siopau arbenigol, o Fangor i Aberystwyth – y streipiau, y blodau, a'r negeseuon parod, gemau hyd yn oed – ond mae'n ailgylchu ambell beth, fel darnau o hen CDs. Does dim pall ar ei dychymyg!

Dyma ryfeddu wedyn at ba mor ddeheuig oedd Haf, wrth ddechrau llunio cerdyn, yn gosod a gludo, ond heb ddefnyddio bys a bawd bob tro:

"Na, ma gen i dwlsyn bach, ti'n rhoi'r *peel-off* yn sownd i hwnna a sticio fo, ond watchia di dy fysadd efo hwn, 'de. Ma'n finiog!"

Ac mae hi'n berffeithydd – sdim byd yn cael bod yn 'sgi-wiff'!

"Os dwi methu neud y lein yn dda iawn, dwi'n goro mynd i nôl fy sbectol i neud yn siŵr fod y lein yn syth."

Erbyn hyn mae'r archebion ar gyfer y cardiau'n cyrraedd o bob cwr:

> "O Ddeiniolen, Caernarfon, Bangor, Ynys Môn, Pen Llŷn, Croesoswallt, Cynwyd, Cwm Llinau ac i lawr i Lanelli a Chaerdydd".

Mae'n 'farchnad' y mae Haf wedi ei meithrin yn ofalus dros y blynyddoedd, gan ddechrau wrth ei thraed mewn boreau coffi a ffeiriau Nadolig. Mae ei chymydog yn Llanrug, Mair Lloyd Hughes, yn ei chofio hi mewn gweithgareddau yn y capel ac yn Hafan Elan, y tai cysgodol i'r henoed sydd yng nghanol y pentre:

> "O'dd Haf yno bob amsar efo'i bwrdd a'i chardia, wyddoch chi, a phobl yn prynu neu'n rhoi ordors am gardia iddi."

Roedd ei ffrindiau a'i chydweithwyr yn y Cyngor wedi dod i wybod am ei menter newydd, "Felly, 'nes i ddechra mynd â nhw i'r swyddfa, a phawb mor garedig yn prynu." Cafodd ganiatâd hefyd gan Gyngor Gwynedd i osod stondin adeg y Nadolig yng nghyntedd swyddfeydd Caernarfon, er mwyn iddi werthu cardiau ar ôl iddi orffen ei gwaith bob dydd.

> "Dwi hefyd wedi bod yn lwcus i gael gwahoddiad i fynd i amball noson yng nghwmni Merched y Wawr, i ddangos sut y bydda i'n gneud cardia newydd ar gyfer gwahanol achlysuron. Dwi'n sbredio nhw allan i bawb gael dewis un, ac ma gen i'r *tools* wedyn i ddangos iddyn nhw sut i'w gneud nhw."

Ac mae'r nosweithiau hyn yn gallu bod yn ffordd dda o werthu hefyd yn ôl Ann:

Haf ac un o'i stondinau gwerthu

– "Fis Tachwedd dwytha, gawson ni alwad ffôn yn gofyn fasa Haf yn licio mynd i ddangos ei chardia i ferched Felinwnda, ac o'dd gen ti lond bocs o gardia'n digwydd bod, doedd, ac argol dyma nhw'n dechra prynu. Wel, oeddan ni 'di rhyfeddu."

– "A dyma ni'n dod adra wedyn, ac o'dd y bocs yn wag!" meddai Haf. "Doedd gen i'm byd ar ôl i ffrindia fi."

– "'Nathon ni gyfri wedyn i weld faint oedd hi 'di godi – £91 mewn awr a hannar!"

Yn ystod 2012, dewisodd Haf godi arian i ddwy feddygfa leol, yn Llanrug a Waunfawr. Cododd £700, ac yn ôl yr adroddiad ar dudalen blaen *Eco'r Wyddfa*, "Bu gwerthiant ei chardiau Nadolig yn arbennig o dda." Ond mae Haf yn gwneud cardiau ar gyfer pob achlysur y gellid ei ddychmygu:

Haf yn Cyflwyno Siec

Haf yn cyflwyno'r siec i Dr Esyllt Llwyd ar gyfer Meddygfa Waunfawr a Llanrug (Eco'r Wyddfa, Chwefror 2013)

"'Nes i gychwyn efo pen-blwydd i ddechra, ac wedyn cydymdeimlad, a dwi'n neud diolchiada, baban newydd, dathliad hapus, a dwi'n neud rhai priodasa hefyd."

Gofynnais i ba rai oedd 'na fwya o ofyn amdanyn nhw?

– "Cydymdeimlad," meddai Haf.

– "Mae pobl yn licio cadw nhw'n drôr rhag ofn," ychwanegodd Ann.

– "'Best sellers' ma Gwenda'n galw cardia cydymdeimlad," meddai Haf, "petha fel'na ma Gwenda'n licio'i ddeud!"

Gofynnais i Haf faint mae hi'n codi am ei chardiau?

– "Ar bob un cardyn ma 'na bris. Ma 'na rai, os ydyn nhw'n fach, yn rhyw buntan... neu dudwch 'ŵan bo' chi'n neud rhai cydymdeimlad, ma rheini'n £2... ond os ydyn nhw'n gardia arbennig efo mwy o waith, fel y rhai ar gyfar oed arbennig, fatha 50 oed, neu 60 oed, neu 90 oed, wel, ma rheini'n £2.50."

Un lle ychydig yn wahanol lle byddai Haf yn gwerthu ei chardiau oedd siop trin gwallt Cameo yng Nghaernarfon:

– "Fanno o'n i'n mynd i neud 'y 'ngwallt. Pan o'n i'n gweithio i'r Cyngor, o'n i'n mynd yn f'awr ginio i fyny i Cameo, ac o'dd Dilys yn gneud 'y 'ngwallt i. A digwydd bod, oedd gen i focs o gardia, rhai dwi 'di bod yn 'u gneud 'lly, ac wedyn o'dd Dilys yn gofyn, 'Fasach chdi'n licio'u rhoi nhw ar y wal yma'n Cameo?' a 'nes i werthu dipyn o gardia yn fanna am flynyddoedd wedyn."

Haf yn cael trin ei gwallt – ac yn trafod archebion efallai!

– "A bydda Dilys yn ffonio weithia," meddai Ann "a deud, 'Ma hon a hon isio cerdyn ymddeoliad, ma hon a hon isho cardia cydymdeimlad.' O'dd hi'n cymryd archebion ar ran Haf mewn ffordd – a Haf yn goro mynd â nhw yno wedyn."

Haf newydd ail-stocio'r display yn Cameo

Mae diwyg cardiau Haf yn tynnu sylw ymhob man, ac un o'r pethau sy'n rhoi sglein broffesiynol iddynt yw'r lluniau mae hi'n eu cael gan ffrind i'r teulu, Dave James. Roedd gwraig Dave, Audrey o Dal-y-sarn, yn arfer gweithio efo Irfon yn swyddfa

Cyngor Arfon, a daw Dave ei hun o Tamworth yn wreiddiol, ond mae'n rhugl ei Gymraeg bellach – ac mae'n ffotograffydd brwd!

– "Mae o'n tynnu llun o robin goch yn yr eira i mi," eglurodd Haf, "ar gyfar cardia Dolig... neu lilis gwynion ar gyfar cardia cydymdeimlad, ac mae o'n printio naw copi o'r un llun imi ar un dudalen. Ac ma isio'u torri nhw allan wedyn a'u gludo nhw ar flaen y cardia."

* * *

Wrth i'r blynyddoedd fynd heibio, mae Haf wedi dechrau codi pres at fwy nag un elusen o fewn blwyddyn, weithiau ar gais gan ffrindiau. Er enghraifft, yn 2015 roedd ei phrif ymdrech ar gyfer Cronfa Marie Curie – ac mi gododd £2,979 – ond yn ystod y flwyddyn, cysylltodd Menai Thomas, oedd yn adnabod Haf ers trefnu ei gwaith cynta yn Post mawr Bangor·

"Dwi ar bwyllgor bach sy'n hel arian at Ward Alaw a 'dan ni'n cael rhyw foreua coffi neu rwbath fela... a dyma fi'n ffonio: 'Haf, ma gynnon ni fora coffi yn Llanrug mis nesa, ti ar gael?' 'Yndw, fydda i yna,' medda hi. Ac o'dd hi yna, 'de, yn gwerthu cardia ac yn rhoi'r arian wedyn at Ward Alaw, 'de. Argian fawr, mae hi yn berson sbesial iawn, iawn."

Mae'n werth rhestru'r prif elusennau mae cardiau Haf wedi eu cefnogi ers 2007:

Cronfa Parkinsons; Cymdeithas Strôc Môn ac Arfon; Cronfa Elliw Llwyd Owen (Arennau Cymru); Apêl Eisteddfod yr Urdd Eryri 2012; Hosbis yn y Cartref; Cŵn Tywys Gwynedd; Meddygfa Waunfawr a Llanrug; Cymorth Cristnogol; Cronfa Macmillan, Cronfa Marie Curie; Bore Coffi

Haf yng nghanol ei chardiau

Macmillan; Ward Alaw, Ysbyty Gwynedd; Capel y Rhos, Llanrug; Apêl Archie; Defibrillator; Apêl Wcráin.

Dyw'r rhestr hon ddim yn cynnwys popeth (ac mae Haf wedi casglu at sawl un o blith yr achosion uchod ar fwy nag un achlysur) – ond dyma ryw ugain o elusennau sydd wedi elwa, weithiau o gannoedd os nad miloedd o bunnoedd drwy waith caled Haf.

O ystyried ei bod hi'n prisio'i chardiau rhwng £1 a £2.50, ystyriwch faint o gardiau er enghraifft, y bu'n rhaid iddi ei gwneud i godi'r £2979 ar gyfer Marie Curie yn 2015; 1,200 i 2,000 o gardiau, efallai?

A chyda phob cerdyn yn cymryd o leiaf deng munud iddi ei wneud, ystyriwch faint o amser, a faint o lafur cariad, a gymerodd y cardiau hynny? A dim ond un elusen ac un flwyddyn yw hynny. Mae ei hymdrechion hi yn aruthrol!

Yn anffodus, mae 'na rai sy'n siarad yng nghefn eu dwylo, gan amau nad gwaith Haf mo hyn i gyd – sy'n destun rhwystredigaeth i'w theulu.

"Be 'di lot o bobl ddim yn 'i ddeall," meddai Irfon, "ydi fod gan Haf ei deallusrwydd ei hun a bod hi'n gallu gneud petha ei hun, a dydi hi ddim yn ddibynnol arnon ni am bob dim. Aeth hi ar gwrs, do, efo Ann i Frynrefail, ac yn fanna 'nath hi ddysgu'r sgiliau gneud cardia 'ma. Ond fel basa Ann yn deud ei hun, ma Haf yn gneud cardia yn well nag y basa hi'n eu gneud nhw.

A dwi'n cofio rhyw ddyn o Gaernarfon yn gofyn i mi ryw dro, digwydd weld o ar y stryd, a dyma fo'n gofyn i mi, 'Ydi Haf yn gneud y gwaith yma'i hun?' Dyma finna'n gofyn iddo fo, 'Be wyt ti'n ofyn i mi 'ŵan – ydi hi'n gneud y cardia ei hun?' 'Ia,' medda fo.

'Yndı,' medda fi, 'ma Haf yn dylunio'r cardia 'ma i gyd ei hun, ond mi fydd Ann weithia'n gorfod torri cardia allan iddi, efo'r *guillotine*, gan fod Haf yn llaw chwith, rhag ofn iddi frifo.'

'A beth am yr ochr ariannol?' medda fo wrtha i.

'Dwi'n cyfadda'n fanna efo chdi mai fi sy'n edrych ar ôl yr ochr ariannol iddi hi, oherwydd dydi hi ddim mor dda efo arian. Ond fel arall efo'r cardia, mae hi'n gneud bob dim ei hun.'

Wedyn oedd 'na ryw amheuon felly gan bobl, oedd hwnna'n enghraifft, doedd, ac ma siŵr fod 'na bobl erill allan yna'n meddwl yr un peth ond heb ei leisio, ella.

Ac felly, pan ma pobl yn dod acw, byddwn ni'n deud, 'Mae Haf wrthi'n brysur yn y swyddfa'n fan 'na, os dach chi isio deud helô,' ac wedyn byddwn ni'n mynd â nhw'n bwrpasol iddyn nhw gael gweld drosynt eu hunain.

Ma siŵr gen i, mae o yn y natur ddynol, tydi, fod 'na rai pobl efo'r agwedd yna… ond y gwir yw, ma Ann a finna'n hapus iawn efo sut ma Haf 'di troi allan, er fod yr anabledd gynni hi, ma hi 'di neud yn ardderchog."

Capel y Rhos

Ar fore Sul y Pasg cafwyd gwasanaeth byr gan aelodau ac wedyn cafwyd paned a chacen gri a sgwrs ymysg ein gilydd.

Yn ystod yr amser hyn cafwyd cyfle i brynu cardiau Miss Haf Thomas (CARDIAU HAF) gyda'r elw i gyd yn mynd at Wcráin. Bu'r cyfan yn llwyddiant mawr a braf yw gallu cyhoeddi fod £350 wedi ei gasglu gan yr aelodau a £200 arall drwy werthiant cardiau Haf.

Diolch o galon i bawb cefnogodd yr apêl ac yn arbennig i Haf sydd mor barod bob amser i gefnogi achosion da.

Gwerthu cardiau i helpu ffoaduriaid o Wcráin (Eco'r Wyddfa, 2022)

Newidiodd popeth adeg y cyfnod clo, a doedd gwerthu cardiau cyfarch ddim yn eithriad. Diflannodd y boreau coffi a chyfleon tebyg. Ond roedd Haf dal am geisio helpu, fel yr eglurodd Ann:

– "Yn dechra Covid oedd 'na boeni mawr, doedd, am yr NHS,

Gwerthu cardiau o'r ardd, adeg Covid

oeddan nhw ar eu glinia, toeddan, wedyn 'nest ti benderfynu sa chdi'n licio codi arian ar eu cyfar. Ac o'dd gen ti lond bocs o gardia, ac aethon ni â bwrdd allan o flaen y tŷ, i ddal y bocs a *disinfectant* wrth ymyl y cardia, ar gyfar pobl y stad yma oedd o, achos doedd pobl erill ddim yn cael dod yma i'w prynu nhw."

–   "Ia, o'dd y cardia yn y bocsys," meddai Haf, "ac wedyn o'dd pobl yn dŵad, ac oeddan ni'n sefyll yn y drws yn fanna ac yn gofyn 'plis wnewch chi roi'r pres yn y bwcad'.

Gwnaeth Haf sgorfwrdd allan o gardbord efo'r neges 'diolch am gefnogi'r NHS' a'i osod yn y ffenest i ddangos i bawb faint oeddan nhw wedi'i gyfrannu:

"A bob tro o'dd rhywun yn prynu, ar ôl iddyn nhw fynd, o'dd isio newid y rhif, doedd!"

Erbyn y diwedd, roedden nhw wedi codi £450, swm digon anrhydeddus a greodd eitha argraff yn lleol, fel 'ma Ann yn cofio:

- "Duda'r hanas Haf, hogyn bach yn byw fyny fanna, Elis, yn mynd am dro efo'i dad..."

- "O ia, dyma'r ddau yn pasio o flaen tŷ ni a dyma Elis yn gofyn, 'Dad, faint o bres ma hwnna'n ddeud?'"

- "A be ddudodd ei dad o?"

- "'Lot!' Chwara teg, 'de!"

* * *

Dydy Haf ddim wedi ailgydio i'r un raddau yn y busnes o gynhyrchu cardiau ers i'r cyfnod clo ddod i ben ac mae'n cael seibiant haeddiannol ar hyn o bryd ("I mi gael canolbwyntio ar y llyfr, 'de?" meddai.) Ond mae ei dyfalbarhad efo'r gwaith hwn dros y blynyddoedd wedi gwneud argraff ar sawl un, gan gynnwys ei chymydog Mair Lloyd Hughes a'i gŵr Gwyndaf. A dyma un o'r penillion a gyflwynwyd ganddynt iddi yn 2021, er mwyn nodi ei phen-blwydd yn hanner cant:

- "A champwaith dy gelfyddyd yw dy gardiau,
  ar gyfer pob achlysur – boed yn glaf,
  mewn galar, symud tŷ, croesawu baban –
  mor gywrain eu gwneuthuriad: 'Cardiau Haf'."

Ac yn y bennod nesa, cawn drafod rhai o'r dathliadau mwy cofiadwy mae Haf wedi eu mwynhau ar ei phen-blwydd!

14
Dathlu'r 40, a dathlu'r 50...

Parti Haf yn 40 – dawnsio efo'i ffrindiau!

Mae pawb yn mwynhau dathlu pen-blwydd, a Haf cymaint â neb, yn enwedig y penblwyddi 'mawr'. Ond roedd amgylchiadau reit wahanol i'r dathliadau a gafwyd yn 2011, pan oedd Haf yn ddeugain, o'u cymharu â'r hyn oedd yn bosib yn 2021, pan oedd hi'n hanner cant...

* * *

Diwrnod gwaith arferol oedd diwrnod ei phen-blwydd yn 2011. Dyma gofnodion Haf o'i dyddiadur:

Dydd Iau – Awst 11eg, 2011
Wnes i fynd â chacen i'w rhannu efo pawb yn y swyddfa, a chwarae teg iddyn nhw, roedd balŵns ac addurniadau lliwgar wedi'u gosod o gwmpas fy nesg! Syrpréis neis iawn! Mi aethon ni wedyn am ginio i dafarn y Crown.

Y diwrnod wedyn oedd y dathlu mawr i fod, ond roedd y teulu yn fwriadol heb rannu'r manylion efo Haf, felly roedd y cyfan yn un syrpréis ar ôl y llall!

Dydd Gwener – Awst 12fed, 2011
Ces i wneud fy ngwallt yn y pnawn cyn mynd i Cofi Roc y noson honno i gael diod bach efo Ffion, ond mi ges i sioc pan welais fy ffrindiau a chyd-weithwyr o'r swyddfa yn disgwyl amdanaf yno!!

Ond dim ond y dechrau oedd hyn...

Fe aeth Ffion â fi wedyn at y trên bach oedd yn mynd â ni o Gaernarfon i Ddinas, a dyma fi'n dychryn, achos roedd mwy o ffrindiau yn cuddio ar y trên!!

"Gafon ni hannar awr o hwyl efo *party poppers* ar y trên i Ddinas. Ac o'dd ffrind arall fi, Della, ma hi'n byw yn Neiniolen, o'dd hi ar y trên hefyd. 'Dan ni'n ffrindia ers pan oeddan ni tua 6 neu 7 oed. 'Nes i gyfarfod â hi gynta yng ngharnifal Deiniolen, o'n i 'di mynd wedi gwisgo fel eliffant! Dwi 'di bod fwy nag unwaith yn dathlu 'mhen-blwydd efo Della, yn aros mewn gwesty crand weithia ac yn cael trin fy ngwinadd ganddi hefyd. Mae'n garedig iawn, felly o'n i'n falch iawn bod hi yno!"

Limo ar gyfer Haf a'i ffrindiau – sylwer ar y plât rhif!

Stopio wedyn yn Dinas a limousine yn aros amdanon ni i fynd â ni ar daith ddirgel arall!! Cyrraedd Gwesty Meifod yn y Bontnewydd a gwnes i sylwi bod hi'n dawel yno, a fawr o neb o gwmpas, wrth i ni gerdded i mewn. Ond wedyn, dyma fand yn dechrau chwarae 'Pen-blwydd Hapus'! Ac roedd llond ystafell o deulu a ffrindiau yno.

Ar ôl i bawb gael llond bol o fwyd, Arfon Wyn a'r Moniars oedd yn rhoi'r adloniant – gyda chydig o help gan Haf!

"Pan welis i Arfon Wyn, 'Ty'd i joinio efo tamborîn,' medda fo, o'dd o'n athro yn Ysgol Pendalar pan o'n i yno... fues i ar y llwyfan efo nhw am chydig bach ac es i i ddawnsio wedyn."

Cafwyd lluniau proffesiynol o bawb ar y noson gan Dave James y ffotograffydd, yn erbyn cefnlen yr oedd o wedi'i gosod yn arbennig at y perwyl hwnnw. Ac ymhlith y ffrindiau ac aelodau'r teulu, roedd ambell wyneb mwy adnabyddus, fel y cyflwynydd, Trystan Ellis-Morris, Mici Plwm a Lisa Victoria o *Pobol y Cwm*.

Haf ar lwyfan efo'r Moniars

Syrpréis go iawn a noson hollol anhygoel!! Wel am noson, ac am BARTI!!

Dydd Sadwrn – Awst 13eg, 2011
Roedd y dathlu yn parhau! Mam a Dad, Ffion a fi yn dal y trên i Lundain, ac yn aros mewn gwesty ddim yn bell o Piccadilly Circus.

Yn ystod y dyddiau nesa aeth Haf ar daith bws-heb-do, gweld y sioe *Mama Mia*, a nifer o atyniadau Llundain fel Tower Bridge a'r London Eye. Ond un o'r pethau wnaeth fwyaf o argraff arni oedd cael te prynhawn yn un o westai mwyaf crand y ddinas.

"Wna i roi un cliw iti," cynigiodd Haf. "Ma'n dechra efo 'R'? Oeddan ni yn y Ritz!"

Fe wnaethon ni wisgo'n smart ar gyfer ein hymweliad efo'r

Ritz. Cawsom wledd i'r llygad a gwledd ar y bwrdd hefyd! Mae o'n le mor hardd, ac wrth i ni eistedd i lawr i dderbyn y te prynhawn, dyma'r pianydd yn chwarae 'Pen-blwydd Hapus' ar y piano. A daeth cacen ben-blwydd efo fy enw arni at y bwrdd. Roeddwn wedi gwirioni!!!

"Gafon ni hwyl, 'de! A ffeil goch o luniau gan Mam, 'Haf: Dyma dy Fywyd' i gofio'r cwbl."

Haf a Ffion yn mwynhau yn y Ritz

* * *

Covid a'r cyfnod clo wnaeth fwrw cysgod dros y paratoadau ar gyfer pen-blwydd Haf yn hanner cant. Digwydd bod, cafodd y gwaharddiad ar faint oedd yn cael ymgynnull dan do ei godi ychydig ddyddiau'n unig cyn pen-blwydd Haf, ond yn rhy hwyr i'r teulu newid eu trefniadau.

Felly ugain yn unig gafodd ddod ynghŷd yn Bistro y Felin,

Pontrug... ond doedd Haf ddim yn gwybod hynny! Trown at ei dyddiadur unwaith eto, i gael blas o'r wythnos honno:

Dydd Mawrth – Awst 10fed, 2021
Dim ond diwrnod ar ôl o fod yn fy mhedwardegau! Heddiw, fe aeth Dad a Ffion i gasglu cacen ben-blwydd i mi, ond ches i ddim ei gweld... syrpréis ar gyfer y diwrnod mawr!

Roedd pobl wedi dechrau galw'n barod efo anrhegion ac roedd Haf wedi bod yn siop Iard yng Nghaernarfon i nôl modrwy arbennig yr oedd Ffion wedi ei phrynu ar ei chyfer.

Mae hi'n fodrwy hardd iawn, a byddaf yn ei gwisgo ar ddiwrnod fy mhen-blwydd. Pawb mor garedig a dwi'n teimlo'n lwcus iawn.

Dydd Mercher – Awst 11eg, 2021
Ffarwél i'r pedwardegau a helô i'r pumdegau!!
Diwrnod cyffrous iawn wedi cyrraedd o'r diwedd. Mi es i lawr i Gaernarfon i gael gwneud fy ngwallt gan Dilys yn Siop Cameo, ac ar ôl cyrraedd adra, cael brecwast arbennig gyda glasiad o Prosecco!
Cyrhaeddodd llwyth o gardiau gan Clive y postmon heddiw, ac mi ges i gyfarchion arbennig ar raglen Aled Hughes a Bore Cothi ar Radio Cymru gan deulu a ffrindiau. Mi wnaeth rhaglen Bore Cothi chwarae ffanffer 'Haleliwia' i mi!
Doedd dim stop ar ffôn y tŷ ac mi ges i e-bost gan Syr Bryn Terfel hefyd!! Mi fues i'n brysur yn agor degau o gardiau ac anrhegion drwy'r dydd.

Gyda'r nos roedd Haf yn gwybod bod hi'n mynd allan i fwyta yn y Bistro, ond cafodd syrpréis pan welodd y car a ddaeth i'w nôl hi. Un o gymdogion y teulu yn Llanrug, Mair Lloyd Hughes, sy'n egluro:

– "O'dd Irfon ac Ann wedi gofyn i Gwyndaf fy ngŵr i, fasa fo'n gneud y car i fynd â Haf i Felin Seiont – a dyma ni'n rhoi balŵns a regalia o'i gwmpas o, o'dd o fatha cárnifal, yn doedd. A cherddis i draw i dŷ Irfon ac Ann y noson honno, o'n i isio gweld Haf, ei gweld hi'n dod o'r tŷ, ac wel, mi o'dd ei gwynab werth ei weld. Ac er bod hi ond yn mynd ryw ddwy filltir lawr y lôn, roedd ceir yn bib-bibian arni hi, 'de – ac o'dd hi fel brenhinas. Gafodd hi andros o *send off* o fan hyn i fancw!"

Roedd un syrpréis olaf. Roedd Haf yn meddwl ei bod hi'n mynd am bryd o fwyd efo'i theulu yn unig...

Y teulu ar eu ffordd i'r parti 50

Dyma fi'n cerdded i mewn a chael clamp o sioc gweld cymaint o ffrindiau yn aros amdanaf. Roedd rhai yn cuddio tu ôl i'r byrddau!! Wel, dyma beth oedd noson a hanner o ddathlu, ac roedd hi'n braf gallu cymdeithasu o dan yr unto unwaith eto ar ôl cyfnod annifyr ac anodd efo'r pandemig. Roedd gallu mynd o fwrdd i fwrdd i gael sgwrs efo pawb yn braf iawn.

Haf ac Irfon yn y parti

Cael bwyd bendigedig a darn o gacen i bwdin. Chwarae teg i Sue, un o fy nghyd-weithwyr yn y Cyngor, mi wnaeth hi ganu i mi ar y noson. Fedra i ddim diolch digon i bawb fuodd mor ffeind tuag ata i. Noson fendigedig gyda theulu a ffrindiau.

Ar ôl y swper hwnnw, cafodd Haf wythnos o wyliau efo'i theulu gan aros ym mhentref Cribyn ger Llanbed:

Wythnos o ymlacio ac ymweld â gwahanol lefydd; rhai ohonynt yn llefydd na fuon ni erioed ynddyn nhw o'r blaen.

Bu Haf a'i theulu ym Mwnt, Aberporth, Tresaith a Gwersyll yr Urdd, ac Aberaeron. Profwyd y "sglodion gorau erioed" yng Nghei Newydd yn ôl Ann. "Yr unig siom," meddai Haf, "oedd peidio gweld yr un dolffin!"

Ac ar ddiwedd yr wythnos gallai gloriannu ei phen-blwydd fel hyn:

Wel, am wythnos braf gawson ni! Dwi wedi dathlu'r hanner cant mewn steil! Wythnos yn llawn atgofion a phrofiadau melys y byddaf yn eu trysori am byth.

Haf ac Ann wrth y deisen

Ond rhown y gair olaf i gymdogion Haf o Lanrug, Mair a Gwyndaf, oedd wedi llunio nifer o benillion i'w chyfarch ar ei phen-blwydd arbennig:

> Yn hanner cant, wel pwy a fyddai'n credu?
> Yr holl flynyddoedd – i ble'r aethant hwy?
> Drwy ymdrech fawr bu iti godi arian
> I elusennau, rhai yn fach a rhai yn fwy.

> Rwyt ti mor glên bob amser ac mor hwyliog,
> Mor ddiymhongar pan wyt yn cael clod;
> Yn gyfaill triw, yn arian byw o berson,
> Yn aur y byd – 'r addfwynaf sydd yn bod.

> A ninnau'n awr, cawn gyfle i'th longyfarch
> Ar gyrraedd carreg filltir fawr i ti.
> Bendithion lu ddeisyfwn i'th ddyfodol.
> A 'Phen-blwydd Hapus Haf!' ddymunwn ni.

15
Gwobrwyon

Cyfeiriwyd eisoes at ambell wobr y mae Haf wedi eu derbyn – a hefyd, at ambell ymddangosiad ar raglenni teledu – ond mae sawl un arall sy'n mynnu aros yn y cof! Dyma nhw:

Gwobrau 'Eich Pencampwyr', Tachwedd 2003

Haf yn derbyn gwobr Eich Pencampwyr
gan Alex Fletcher, 2003

Seremoni flynyddol yw 'Eich Pencampwyr', dan nawdd papurau newydd lleol y gogledd, ar y cyd efo cwmni ynni *Scottish Power*, a'i nod yw diolch i'r bobl sy'n gweithio'n dawel i wneud cyfraniadau o bob math i'w cymunedau.

Yn 2003, roedd sawl mudiad ac unigolyn wedi cael eu henwebu ar gyfer gwobrau mewn pum categori: oedolion, ieuenctid, timau, ysgolion, a chwaraeon. Ond Haf a ddewiswyd fel Pencampwraig y Pencampwyr, ar sail ei gwaith codi arian.

Cyflwynwyd y gwobrwyon mewn noson fawreddog yn Neuadd Kinsale, Mostyn, gan yr actores Alex Fletcher, un o sêr y gyfres sebon *Brookside*. Roedd nifer o bwysigion yno, gan gynnwys yr Aelod Cynulliad a'r ffermwr o Sir y Fflint, Brynle Williams.

– "O'dd Irfon druan yn methu bod yno'r noson honno," meddai Ann. "O'dd o adra yn Buarthau, yn ei wely. Ac oeddan ni wrthi'n siarad efo Brynle pan ddigwyddodd Irfon ffonio, i holi sut oedd y noson yn mynd…"

– "… A 'nath Mam ddeud wrth Brynle, 'mae 'na ddyn ar y ffôn isio cael gair efo chdi, ac mae'n magu ieir'!"

– "Ac mi fuodd Irfon am hydoedd yn siarad efo fo am ieir! O'dd y peth mor ddigri, 'de!"

Ar ôl derbyn ei gwobr, cafodd Haf ei llongyfarch wedyn yn newyddlen fewnol Cyngor Gwynedd, ac mewn erthygl yn y *Caernarfon & Denbigh Herald*. Mewn cyfweliad Saesneg, ar ôl talu teyrnged i ymdrechion Haf yn trefnu'r cyngherddau Nadolig, dywedodd ei ffrind, y ddiweddar Brenda Brown:

"Haf is very popular. She has got such a sunny personality, she doesn't have a bad word to say about anyone, and if you ask her to do something she will do it."

Gwobrau 'Tost', Gorffennaf 2007

Mewn gwirionedd, cafodd Haf ei hanrhydeddu ddwywaith yn 2007. Ym mis Mawrth 2007 derbyniodd dystysgrif gan Glwb Rotary Caernarfon, a'r llywydd, Dafydd John Jones, yn dymuno cydnabod y gwasanaeth gwirfoddol neilltuol yr oedd hi wedi'i wneud i'r gymuned.

Dafydd a Haf yn seremoni'r Clwb Rotari, 2007

Disg Aur Gwobrwyon Tost, 2007

Ond ym mis Gorffennaf derbyniodd Haf record aur fyddai ddim yn edrych allan o'i lle ar wal canwr pop! Un o wobrwyon cymunedol y gwasanaeth radio lleol, Champion FM, oedd hon. Roedd Champion wedi bod yn darlledu ym Môn a Gwynedd ers 1998, o'i stiwdio ym Mharc Menai ger Bangor, ac yn 2007 roedd eu gwobrwyon yn cael eu cyflwyno mewn noson arbennig yng Nghanolfan Galeri, Caernarfon, dan yr enw 'Gwobrwyon Tost'. Eiriona Williams oedd wedi enwebu Haf y tro hwn:

"... A dwi'n cofio Eiriona'n dod i chwilio amdana i yn yr Adran Personél i ddeud bod hi 'di enwebu fi, a bo' fi ar y rhestr fer am wobr."

Roedd Haf yng nghategori y 'Wobr Tost Fawr' neu'r 'Champion of Champions', ac roedd y noson yn y Galeri yn un ddigon crand, gyda'r dynion i fod yn eu siwtiau gorau a'r merched mewn 'ffrogiau cocktail'.

Eiriona a Haf ar y carped coch, Gwobrwyon Tost, 2007

"O'n i'n crynu fel deilan wrth gerddad ar y carpad coch y noson honno! Ond gafon ni fwyd neis wedyn, a siampên – fi, Mam a Dad, ac Eiriona a Karen o'r gwaith."

Dathlu yng Ngwobrwyon Tost: Karen, Irfon. Eiriona, Ann a Haf, 2007

Y cyflwynwyr radio, Kevin Williams a Mair Thomas oedd yn arwain y noson, a'r categori 'Champion of Champions' oedd yr un olaf i gael ei gyflwyno. Roedd Eiriona heb ddeall hynny!

"Ac oeddan nhw'n rhoi'r gwobra allan… a dim byd i Haf… ac o'n i'n meddwl 'ma hyn yn od' ac o'n i 'di dechra panicio a meddwl 'pam 'dan ni yma os 'di hi ddim yn cael dim byd?' Ond reit yn y diwadd un, dyma nhw'n deud eu bod nhw'n mynd i roi gwobr arbennig i rywun sy wedi neud lot i'r gymdeithas… a hi gafodd y wobr fawr 'lly… a phawb yn sefyll ac yn clapio… graduras! Ma hi'n haeddu bob dim ma hi'n gael – ma hi'n lyfli."

Derbyniodd Haf ei disg aur o law Kevin Williams ac mae'n cael lle anrhydeddus ar wal y tŷ hyd heddiw.

Gwobrau 'Eich Pencampwyr', Hydref 2017

Ddeng mlynedd yn ddiweddarach roedd Haf mewn noson wobrwyo unwaith eto, yn Llandudno y tro hwn, ar gyfer gwobrau 'Eich Pencampwyr'. Os yw'r enw yn swnio'n gyfarwydd, wel, dyma'r ugeinfed dro i'r seremoni wobrwyo hon gael ei chynnal… a'r eilwaith, wrth gwrs, i Haf gael ei henwebu – y tro hwn gan Awyr Las, yr elusen sy'n cefnogi gwaith yr NHS yng ngogledd Cymru. Yn ôl y *Caernarfon & Denbigh Herald*, roedden nhw wedi disgrifio Haf yn eu henwebiad, fel "a truly fabulous young woman, who is such an inspiration".

Y flwyddyn honno, roedd y seremoni yng ngwesty St. George ar y prom yn Llandudno, ac Haf enillodd y categori Cymunedol.

"O'n i wrth fy modd yn cael bod yn rhan o seremoni mor

arbennig, a 'nathon ni aros mewn gwesty yn Llandudno y noson honno."

Y cyflwynydd Arfon Haines Davies oedd yn arwain y noson, ond cafodd y gwobrwyon eu cyflwyno gan y cyn-asgellwr rygbi, Shane Williams, ac roedd hynny'n sicr yn gwneud yr achlysur yn fwy cofiadwy!

"Achos ges i hyg gynno fo," eglurodd Haf, "a chael tynnu fy llun efo fo!"

Haf a Shane Williams, Llandudno
(Caernarfon & Denbigh Herald, *18.10.17*)

* * *

Poblogrwydd seremonïau o'r fath, efallai, oedd wedi ysgogi cwmni teledu Eryri i gynnig cyfres o raglenni i S4C, yn ôl ar ddechrau'r mileniwm newydd; cyfres oedd hon fyddai'n dathlu gwaith tawel arwyr anhysbys ein cymunedau, sef *Diolch o Galon*. Ac yn y bennod nesaf, cawn hanes Haf ar y rhaglen honno.

16
Diolch o Galon *a* Taith Fawr y Dyn Bach

Mae Haf wedi gwneud degau o gyfweliadau byrion ar y radio a'r teledu dros y blynyddoedd, ond dim ond dwywaith y mae ei hanes wedi cael triniaeth fwy estynedig. Y tro cyntaf oedd ar raglen *Diolch o Galon*.

Diolch o Galon, Awst 2003

Yn dilyn llwyddiant y gyfres gyntaf efo cynulleidfa S4C, comisiynwyd ail gyfres... gyda Haf yn ymddangos y tro hwn yn y rhaglen gyntaf – a hi hefyd ddewiswyd i fod yn *cover girl* i

hysbysebu'r gyfres newydd ar glawr blaen *TV Wales*, y cylchgrawn teledu oedd yn dod am ddim bob wythnos efo'r *Daily Post*.

Ei ffrind gorau Brenda Brown sydd efo Haf yn y llun gan mai hi oedd wedi ei henwebu i dderbyn gwobr ar y rhaglen. A hi hefyd oedd yn gyfrifol am gadw'r gyfrinach am y bwriad i ffilmio Haf, fel bod

Haf a Brenda Brown ar glawr TV Wales, *2003*

hi'n cael syrpréis pan fyddai'r camerâu teledu yn cyrraedd. Ond cododd problem fach, fel yr eglurodd Brenda yn yr erthygl yn *TV Wales*:

– "Yr unig ddiwrnod yr oedd criw *Diolch o Galon* yn rhydd i syrpreisio Haf yn y swyddfa oedd ar ddydd Gwener – ac wrth gwrs, dydi Haf ddim yn gweithio'r diwrnod hwnnw, felly mi fuodd yn rhaid i mi ddeud rhyw gelwydd bach gola wrth Haf i'w chael hi i ddod i'r swyddfa, ac mi gytunodd ar unwaith."

– Roedd o'n dipyn o syrpréis," meddai Haf, "pan ddaeth Gaynor Davies i mewn i'r gwaith efo'r camera! 'Helô, Haf!' medda hi, a ges i wên gynni hi... ond do'n i ddim yn gwbod be i ddeud am funud, doedd gen i ddim clem be o'dd yn mynd ymlaen. Mi gododd pawb ar eu traed a churo dwylo!"

Ychydig wythnosau'n ddiweddarach, roedd Haf yn cael cymeradwyaeth eto, ond yn stiwdio *Diolch o Galon* y tro hwn. Roedd hi'n cael sgwrs ar y soffa gyda chyflwynwyr y rhaglen, Gaynor Davies ac Ifan Gruffydd, a llawer o'i ffrindiau yn y gynulleidfa. "Roedd

Haf yn disgleirio

Erthygl TV Wales: Brenda gyda Haf yn dal ei gwobr

'na alw mawr am dicedi i'r noson honno," meddai Brenda. Ac ar ddiwedd y rhan honno o'r rhaglen, Brenda wnaeth gyflwyno'r ddysgl wydr hardd i Haf, er mwyn 'diolch o galon' iddi ar ran y cwmni teledu.

Gofynnais i Haf, "Be oedd orau ganddi, y syrpréis yn y swyddfa, ynteu'r profiad yn y stiwdio?"

– "Ooo, y ddau!" atebodd Haf.

– "O'n i'n ama mai dyna 'sat ti'n ddeud!" chwarddodd Ann.

– "O'n i'm yn gwbod be i ddeud 'tha Brenda ar y pryd, ond o'n i'n ddiolchgar iawn iddi am be o'dd hi 'di'i neud..."

* * *

Rhaglen deledu o fath gwahanol oedd *Taith Fawr y Dyn Bach*, nid adloniant ffeithiol, ond cyfres ddogfen. Cwmni Da oedd y cynhyrchwyr, ac ymhob rhaglen, byddai'r cyflwynydd, James Lusted (sy'n byw efo math prin o *dwarfism*), yn cyfarfod â rhywun arall oedd yn byw efo anabledd neu gyflwr o ryw fath. Byddai James yn ceisio deall sut oedd y cymeriadau gwahanol ymhob rhaglen yn goresgyn y rhwystrau yn eu bywydau hwythau.

A Haf oedd testun yr ail raglen yn y gyfres.

Taith Fawr y Dyn Bach, Mehefin 2013

Dechreuodd y ffilmio ym mis Mawrth y flwyddyn honno:

"'Nathon nhw ffilmio fi'n dal y bws i'r gwaith ac yn atab ffôn, mynd â'r post i bawb, petha fel'na."

Roedd pwyslais y rhaglen ar ddod i adnabod y person yn hytrach na thrymlwytho'r gwyliwr efo ffeithiau am eu cyflwr – ond rhannwyd ambell ffaith bwrpasol am syndrom Down hefyd.

Cafodd Haf ei holi wedyn am ei gwaith codi arian at achosion da, ac yna cafwyd cyfweliad efo Eiriona, ei ffrind a'i chyd-weithwraig:

"Dydd Llun, *highlight* fy wsnos i," meddai Eiriona yn y rhaglen, "ydi cinio efo Haf. Dwi wrth 'y modd yn clywad ei hanas hi – ma gynni hi fywyd mor ddifyr..."

Ond pan wnes i holi Eiriona am ei hatgofion am y ffilmio, wnaeth hi chwerthin mewn embaras:

"Oeddan nhw 'di rhoi meicroffons bach i Haf a fi 'u gwisgo, a nathon nhw'n ffilmio ni wedyn yn cerddad mewn i Gaffi Cei, ista wrth y bwrdd a siarad yn fanno ac ordro bwyd a ballu. A phan gyrhaeddodd y bwyd, dyma nhw'n deud, 'O, 'nawn ni adal llonydd i chi rŵan i chi gael eich bwyd.' Ac i ffwrdd â nhw...

Eniwê, oeddan ni'n byta 'ŵan, yndê, a dyma fi'n gofyn i Haf os o'dd hi 'di gweld y rygbi dydd Sadwrn cynt. 'Nago'n,' medda hi, 'ond dwi'n licio Dan Biggar.' A dyma fi'n deud, 'A 'swn i ddim yn meindio cael sgrym efo Leigh Halfpenny chwaith!' A dyma fi'n clywad y criw ffilmio ym mhen arall y caffi i gyd yn chwerthin! O'dd y meicroffons yn dal ymlaen! Ond 'nathon nhw ddim iwsio fo, diolch byth!"

Cafodd Haf gyfarfod â James Lusted wedyn a cheisio dangos iddo sut mae hi'n gwneud cardiau. Holodd James am ei gwaith codi arian a thrafodwyd reslo! Gwelwyd Haf yn y gampfa

Haf a James yn cael eu ffilmio'n gwneud cardiau, 2013

wedyn, ac yna efo Ffion; a chafwyd cyfweliad gonest ac emosiynol efo Ann ac Iifon wrth iddyn nhw gofio adeg geni Haf. Ac yn olaf dyma hi yn herio James mewn gêm o *pool* yn nhafarn y Glyntwrog.

Roedd Haf yn hael iawn efo'i *tips* i James ("canolbwyntio ar y bêl, cadw dy lygad ar y bêl"). A dweud y gwir, roedd hi'n rhy dda fel *coach* arno fo, oherwydd fe lwyddodd y disgybl i guro'i athrawes!

Pan ddangoswyd y rhaglen ar S4C ym mis Mehefin cafwyd ymateb da iawn:

"Mi fu'r ffôn yn brysur iawn," meddai Haf, "ac mi ges i gardia'n llongyfarch fi drwy'r post hefyd. O'n i mor falch fod pawb 'di mwynhau'r rhaglen ac o'dd y geiria caredig yn golygu lot fawr i mi."

Haf a James yn cael eu ffilmio'n chwarae pool, 2013

Roedd sawl uchafbwynt yn y rhaglen a nifer o wirioneddau mawr. Ond efallai y mwyaf o'r rheini oedd hwn gan Ann:

> "Fel aeth Haf yn hŷn, mi 'nathon ni sylweddoli'n fuan iawn bod ei donia hi'n llawar iawn mwy na'i hanabledda hi, yndê..."

Ac roedd hynny'n ei hun yn haeddu rhaglen deledu!

17
Hel stampiau i'r deillion

Haf yn trimio stampiau

Dros y blynyddoedd mae Haf wedi casglu £4670 i Gymdeithas y Deillion, Gogledd Cymru, drwy hel stampiau. Sefydlwyd y Gymdeithas yn ôl yn 1882; ac ers 1962 maen nhw wedi bod wrthi'n recordio a rhannu llyfrau llafar yn Gymraeg, ac erbyn hyn, papurau bro hefyd. Mae'r arian sy'n cael ei gasglu gan aelodau'r cyhoedd fel Haf, yn "cefnogi ystod eang o wasanaethau" yn ôl Prif Weithredwr y Gymdeithas, Steven Thomas:

"Ac mae hynny'n rhoi cymorth ymarferol ac emosiynol i bobl ddall a rhannol ddall ar draws y gogledd. Mae'n cynnwys darparu cyfrifiaduron a meddalwedd arbenigol sy'n galluogi plant sydd wedi colli'u golwg i ddysgu a dod yn fwy annibynnol."

Dyma Haf yn egluro sut y dechreuodd pethau:

"Cychwynnodd yr hel stampia pan o'n i'n gweithio i Gyngor Gwynedd. Dwi'n meddwl o'dd rhywun 'di gneud o 'mlaen i, a phenderfynis i a Rhian Bont, cyd-weithiwr imi, gario mlaen. Roedd pobl wedi gofyn, 'Ydach chi'n dal i hel stampia?' 'Ydw!' medda fi.

Ar ôl casglu llond bag neu ddau, byddwn ni'n mynd â nhw at Steven Thomas i siop y deillion ym Mangor. Mae gan Steven brynwr sy'n byw yng Nghaerdydd, ac mae'r prynwr yn pwyso nhw ac yn talu £40 y kilo am fagiad o stampia, ac mae'n mynd â'r cwbl lot efo fo. Mae o'n sbio drwyddyn nhw rhag ofn fod 'na rai sy'n werthfawr iddo fo, 'de. Ac mae'r pres yn mynd yn syth i'r deillion."

Yn rhinwedd ei gwaith efo'r Cyngor, byddai Haf yn mynd â'r post o gwmpas yr adeilad bob dydd – ac yn gallu manteisio ar y cyfle i ofyn i'w chyd-weithwyr gadw'r amlenni iddi wedyn.

"Ac o'n i'n mynd â nhw wedyn i fy stafall i a chychwyn torri'r amlenni gwag efo siswrn. O'n i'n goro tsiecio gynta rhag ofn fasa 'na rwbath pwysig ynddyn nhw, ac wedyn torri nhw rownd. Oedd 'na rai ohonyn nhw chydig bach yn flêr. Ac wedyn ar ôl cael y stampia 'ma, o'n i'n dod â nhw adra i'w gneud nhw'n daclusach."

Ond dydy hel stampiau ddim mor hawdd ag y mae'n swnio, fel y mae Haf yn egluro:

"O'n i'n cael traffarth yn gynta efo siswrn, am bo' fi'n llaw chwith. A dyma benderfynu

Siswrn arbennig Haf

bod isio prynu siswrn arbennig llaw chwith, doedd na'm un yn y Cyngor, digwydd bod. Dyma fo'r siswrn llaw chwith. Mae o'n beryg iawn, dwi'n gorfod bod yn ofalus! Dwi'n gadal ryw *space* fel'na ar y top, achos dwi ofn torri'r stamp, a dwi'n gadal yr *edges* fel'na."

Byddai rhai o gyd-weithwyr Haf yn hel y stampiau o'r llythyrau oedden nhw'n eu derbyn gartre ac yn dod â rheini iddi, ac mae capeli Llanrug a Llanberis wedi bod yn hel rhai ar ei rhan hi hefyd. Hyd yma mae Haf a phobl yr ardal wedi hel rhyw hanner miliwn o stampiau, yn ôl Steven Thomas o Gymdeithas y Deillion. Mae hynny'n 155 cilo o stampiau, neu 24 stôn! Ond gyda mwy a mwy o gwmnïau yn defnyddio peiriannau ffrancio, roedd rhaid bwrw'r rhwyd yn ehangach:

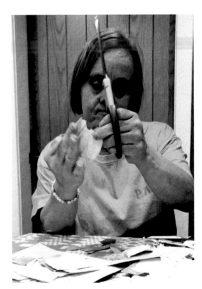

Haf yn canolbwyntio!

"Ac wedyn oedd Steven a finna'n siarad ar raglan Shân Cothi yn sôn am y stampia! Dwi'n mynd 'nôl i Chwefror y 7fed, blwyddyn yma. Oedd Steven yn y siop yn siarad, a finna o'r tŷ. Ac oedd hi'n holi Steven a finna am hel y stampia. Does na'm gymaint 'ŵan 'de, ar wahân i Dolig neu ryw achlysur fel'na. O'n i ychydig yn nerfus i ddechrau achos mi o'dd y cyfweliad yn fyw ar y radio, ond diolch am y cyfle, Shân!"

Roedd ffôn y tŷ yn brysur iawn wedyn ac un o'r pethau annisgwyl a ddaeth yn sgil yr apêl ar y radio oedd albwm gyfan o stampiau.

"'Dan ni'm yn gwbod be i'w neud efo'r rhain," meddai Ann, mam Haf. "Dyn cant oed, o Lanrug 'ma, 'di marw a'r teulu 'di rhoi albym i ni… maen nhw'n hen, ti'n gweld… Malaysia, yli, Malta, Japan… wedyn geith Steven Thomas neud be ma'n feddwl fasa orau efo nhw."

Tebyg y bydd yr albwm yn werth tipyn mwy na £40 y cilo, ac yn gyfraniad gwerthfawr arall at gronfa'r deillion gan Haf!

18
Snwcer

"Mae Dad yn dipyn o ffan o snwcer. A finna, wrth gwrs!"

Ers blynyddoedd, mae Haf a'i thad, wedi bod yn selogion yn Theatr y Crucible yn gwylio pencampwriaeth snwcer y byd. Roedd Irfon yn arfer chwarae efo tîm y gwaith yng nghyngrair Caernarfon a'r Cylch, ond dilyn y gêm ar y teledu oedd dechrau diddordeb Haf.

"Ac wedyn," meddai Irfon, "gafon ni gynnig i fynd efo clwb snwcer Deiniolen. Oeddan nhw'n mynd i Sheffield bob blwyddyn i weld y snwcer ac roedd Haf wrth ei bodd. Oedd hi'n gwylio'r gemau heb ddim smic ac yn gwbod yn iawn faint oedd y peli yn gyfri ac yn y blaen."

Haf tu allan i'r Crucible yn Sheffield

Tripiau hir yw'r rhain i'r ddau ohonyn nhw, cychwyn yn gynnar ar fore Sadwrn ac yn ôl yn oriau mân y diwrnod wedyn.

- "Ond 'dan ni'n cael lot o hwyl ar y bỳs," meddai Haf. "Mae gynnon ni bingo, a mae gynnon ni raffl, wrth gwrs, a 'dan ni'n mwynhau efo pawb."

- "Mae'r cardia bingo ar gyfer codi arian i glwb snwcer Deiniolen. A byddwn ni'n cael ista yn y ffrynt, Haf a finna, ac wedyn mae'r hogyn sy'n galw'r rhifa yn ista o'n blaena ni, ac yn deud rhyw betha gwirion. Ac mae Haf wrth ei bodd, yn chwerthin efo fo. Hwyl diniwad, 'de."

- "Mae'n dipyn o daith i fynd i fyny i Sheffield, dydi," ychwanega Haf. "Felly ar ôl cyrradd, y peth cynta 'nawn ni ydi mynd i gaffi. Cael cinio yn fanno. Wedyn mynd i fewn i theatr Sheffield, y Crucible. Ac wedyn gwylio'r bobl yn chwara, rheina sy'n chwara snwcer. Mae Dad a fi'n ista'n gwylio nhw. Mae gynnon ni table one, bwrdd un, a bwrdd dau wrth ei ochr o, a lle gwag wedyn rhwng y ddau fwrdd. Mae 'na ddwy gêm yn mynd ymlaen yr un pryd, ac mae pobl erill yn cael gweld gêm ar y bwrdd arall, a weithia ar y teledu dach chi'n sylwi bod 'na ryw 'hwrê' mawr a does 'na'm byd yn digwydd, ond 'hwrê' o'r gêm arall ydi o."

A thros y blynyddoedd wrth wneud y daith i Sheffield, mae Haf wedi cyfarfod â nifer o fawrion y byd snwcer a chael llofnod ganddynt – ac Irfon yn barod efo'i gamera i gofnodi'r foment. Gofynnais i Haf sut oedd y cyfleon hynny'n codi.

"Mae gynnon nhw le yng nghefn llwyfan iddyn nhw fynd allan at y crowd. Matthew Stevens ydi fy hoff arwr i, 'de. Mae o'n Gymro ac mae o'n gwisgo draig goch ar lawas ei

Haf a Matthew wrth ei gar

Haf a Matthew

gryo, ac mae o'n dipyn o bisyn hefyd! Ac ma 'na un arall dwi'n licio, Mark Williams. Mae o'n Gymro, yn dydi... Ac wedyn ma gen i Jamie Clarke... pwy arall sy gen i, dwch? Mae 'na ddau Jamie, mae 'na Jamie Jones hefyd... Neil Robinson... ma 'na gymaint ohonyn nhw!"

"Alan McManus?" awgryma ei mam.

"Sori, ond do'n i'm yn cîn ar Alan McManus. 'Nath o ignorio fi!"

Mae Haf yn adnabod ei chwaraewyr snwcer! Ac mae hi wedi cyfarfod â sawl un, o Paul McGuire i Liang Wenbo. Ond fel mae wedi nodi, Matthew Stevens yw'r ffefryn, ac mae wedi derbyn siaced a *cue* snwcer ganddo. Mae'n mynd i'r llofft ac yn dod â nhw lawr i'w dangos nhw, ynghŷd ag albwm arall o luniau:

> "Dyma ni – Matthew Stevens – *hoodie, large red*. Ac ma'n deud 'MatthewStevens.com' arno fo. So, y llunia ydi, am bo' fi 'di cael 'y ngwobrwyo yn *Diolch o Galon*."

Rhaglen o 2015 oedd hon, gyda Rhys Meirion a Heledd Cynwal yn ei chyflwyno. Am fod Haf wedi bod wrthi mor ddiwyd yn codi pres i wahanol elusennau, trefnodd cynhyrchwyr y gyfres i Haf gael mynd i Gaerdydd i weld y snwcer yno. Ac mae wedi cadw sawl peth i gofio am ei diwrnod mawr yn y brifddinas, o'r arwydd yn y maes parcio "Reserved for Haf Thomas", i'r tocyn ei hun, "Welsh Open World Snooker All Day Pass". Ond yn goron ar y cyfan, cafodd gyfarfod unwaith eto efo Matthew Stevens. Roedd Irfon yno hefyd, ac yntau wedi'i blesio bron cymaint â Haf!

> "Chwara teg, roedd gan Matthew Stevens gystadleuaeth y diwrnod hwnnw, ac mi ddoth allan o'i stafell yn arbennig i'w gweld hi. Ac mi o'dd hyn tua amsar cinio, hannar dydd, ac yntau isio chwara'n y pnawn. Ond mi o'dd gynno fo ddigon o amsar i ddod at Haf, chwara teg iddo fo."

Gyda Haf yn mwynhau gwylio snwcer gymaint, roedd rhaid imi ofyn, tybed oedd hi'n chwarae'r gêm o gwbl?

> "'Swn i wrth fy modd! Dwi 'di cael go, fyny grisia yn y Sefydliad yn Llanrug. Es i efo Aled, hogyn Gwenda sy'n

dysgu fi i neud cardia, ac o'dd Aled a fi yn erbyn ein gilydd a gesiwch pwy 'nath ennill?"

"Chdi?" cynigiais yn obeithiol.

"Naci, Aled!"

Haf yn chwarae yn y Sefydliad, Llanrug

Ar hynny, cofiais ba mor ddeheuig oedd Haf yn trin y *cue* wrth chwarae *pool* yn erbyn James Lusted ar raglen *Taith Fawr y Dyn Bach*. "Ond ti'n dipyn o giamstar efo pool, yn dwyt?" meddai fi. "O, yndw tad," cytunodd Haf. Holais fwy am sut oedd y gêm honno yn ei erbyn wedi mynd:

– "Fi oedd yn ei ddysgu fo i ddechra. Wedyn o'n i'n dangos sut mai ciwio iddo fo, a 'nes i ddeud, 'cymra dy amser i botio,' a 'nath o wrando."

– "'Nest ti ddysgu fo'n rhy dda, do!"

– "Do! 'Swn i'n licio 'swn i 'di ennill, ond rhaid i rywun ddysgu colli, does!

Ac wedi'r sylw hengall hwnnw, dyma Ffion yn ailymuno'n y sgwrs. Holais a oedd hithau'n rhannu diddordeb ei chwaer mewn snwcer a *pool*?

– "Na, ond pan oeddan ni'n fach oeddan ni'n arfar mynd fel teulu i'r caffi 'ma yng Nghricieth, a chael hwyl ar y bwrdd *pool* wedyn 'de, Haf a fi, yng Nghaffi Morannedd."

– "... A phan 'dan ni'n mynd i fyta i rwla," ychwanegodd Haf, "weithia mae 'na stafall *pool* a 'dan ni'n cael siawns am gêm, fel yn Newborough Bontnewydd."

"Ac mae 'na le ar y ffordd i Ffôr hefyd, Glasfryn, does... ti'n cofio? Fuon ni'n fannô'n cael gêm, ac wedyn welson ni Lisa Victoria."

– "O do, Lisa Victoria sy'n actio Sheryl ar *Pobol y Cwm*," ychwanegodd Haf (er fy mwyn i, dwi'n amau.)

– "Ydi hi'n licio chwara snwcer?" gofynnais.

– "Dwi ddim wedi gofyn iddi eto," atebodd Haf fel siot!

Achos, fel y cawn weld yn y bennod nesaf, mae Lisa a hi yn dipyn o ffrindiau...

19
Pobol y Cwm

Haf a Lisa Victoria

Sut felly wnaeth Haf Thomas o Lanrug gyfarfod â'r actores Lisa Victoria o Dreherbert? Wel – ar faes y Steddfod Genedlaethol, siŵr iawn! Ffion sy'n esbonio:

– "Fel rhan o'u stondin ar y maes, un flwyddyn roedd y BBC wedi ailgreu rhan o Salon Sheryl, fel bod pobl yn cael cyfarfod â Sheryl a chael rhyw driniaetha harddwch..."

– "... a ges i beintio 'ngwinadd gan Lisa Victoria, do?"

Ond daeth Haf a hi'n ffrindiau yn dilyn cyfarfyddiad siawns... mewn siop trin gwallt yng Nghaernarfon o bob man!

- "... Ac o'n i digwydd bod yn y siop yn cael gneud 'y ngwallt," meddai Haf, "pan 'nath hi gerddad i mewn. 'Fi'n nabod ti!' medda hi, 'dwi 'di gwneud dy winedd di!' Ac wedyn ar ôl i mi orffan neud 'y ngwallt, aethon ni am banad bach, do? Yn... be 'di enw fo? Maen nhw 'di cau o lawr rŵan... Castle Bakery! A 'dan ni 'di cadw cysylltiad ers hynny, 'de."

- "O, mae hi'n hogan glên," meddai Ann, "ti'n ffrindia mawr efo hi, yn dwyt?"

- "Mae hi'n lyfli tu hwnt," cytuna Haf.

Fel llawer un yng Nghymru, mae Haf wedi dilyn helyntion *Pobol y Cwm* ers blynyddoedd. Gyda Ffion ei chwaer yn gweithio yn y BBC, trefnwyd i Haf ymuno ag un o'r teithiau achlysurol sydd i'r cyhoedd o gwmpas y set. Dangosodd hi'r lluniau i mi.

- "Felly, hwn di'r set... tŷ Iolo – cymeriad Iolo yn *Pobol y Cwm* – a Tyler. Wedyn Siop Sioned ac mi o'dd Eileen yn gweithio yn fanna cyn i Sioned ddod i weithio yn y siop. Wedyn caffi Meic, Meic Pierce oedd yn gweithio'n fanna... y Deri Arms, efo llun o Reg ar y wal..."

- "Athon ni fewn i'r Deri," meddai Ffion, "a sylwi pa mor fychan oedd o, o'i gymharu â sut mae'n edrych ar y sgrin, 'de. Oedd o'n fach, doedd?"

- "Oedd! A dyma chdi dŷ Sion White a tŷ Eileen yn Penrhewl."

Un o'r uchafbwyntiau oedd ymweld â salon Sheryl sy'n cael ei phortreadu gan ei ffrind hi, Lisa Victoria. Ond ar y diwrnod roedd un o'i harwyr o gyfnod y grŵp Mega yno hefyd:

Haf a'r teulu tu ôl i'r bar yn y Deri Arms

– "Ia... Rhydian Bowen-Phillips, dwi'n ffrindia mawr efo fo hefyd."

– "A gest ti smalio golchi dy wallt yn y salon, do?" meddai Ffion, "a Rhydian yn dal y beipan, 'de."

– "Ia! Oedd hwnna'n lot o hwyl, 'doedd. Roedd o'n gwbod ei stwff!"

Rhywun arall oedd yn amlwg yn y lluniau oedd cynhyrchydd y gyfres Llŷr Morus, sy'n hanu o ardal Caernarfon.

– "Ac oedd Llŷr yn dangos y sgript ac yn egluro be mae pobl yn 'i ddeud, be 'di'u rhan nhw, be 'di be, a ballu. Ac yn fama maen nhw'n cael eu dillad i actio. Ac mae Llŷr yn dangos y ffrog briodas oedd Sioned i fod i wisgo i briodi efo Ed..."

Roedd Haf yn wyddoniadur o wybodaeth am gymeriadau'r

gyfres! Ond nid dyna'r unig dro iddi ymweld â Chwmderi. Mae sawl un yn gallu hawlio eu bod nhw wedi *gweld* set *Pobol y Cwm* a chyfarfod â rhai o'r actorion; ond nid pawb fedr ddweud eu bod nhw wedi *cymryd rhan...*

Llŷr yn egluro'r sgript i Haf

– "Syrpréis oedd o, yndê Ffion? Oeddan ni wedi bod yn gweld Shane oedd yn canu efo Westlife, noson fo o'dd hi yn Neuadd Dewi Sant, a dwi'n cofio ar ôl gweld Shane yn canu, aethon ni am y car, a dyma Ffion yn deud 'tha i, 'Dwi isio cyfadda rwbath i chdi.' 'Be 'lly?' 'Rhaid i chdi fynd i dy wely'n fuan heno achos 'dan ni isio codi'n blygeiniol fory.' Ac mi 'nath hi ddeud wedyn: 'Wyt ti'n mynd i fod yn ecstra ar *Pobol y Cwm*!' Diwrnod wedyn, 'de Ffi? Oedd Ffion 'di cuddio bob dim oddi wrtha i!"

I lawr â nhw bore wedyn felly i stiwdios y BBC, a phwy ddaeth i gyfarfod â Haf yn y cyntedd ar ôl cyrraedd ond Lisa Victoria. Ac ar ôl taith sydyn o gwmpas y set, dyma hi'n cael cyfarwyddyd ynglŷn â'i golygfa gyntaf fel ecstra.

– "Gaynor y brifathrawes a Britt, sef Donna Edwards oedd yn yr olygfa. Oeddan nhw'n siarad efo'i gilydd. Oedd y camera yn mynd at y cymeriada, ac o'n i yn y cefndir – o'n i'n gorfod sefyll wrth ymyl y lle gwerthu tai, Tomos ac Elis, ac wedyn o'n i'n goro siarad efo rhywun, jest smalio bod ni'n siarad, doeddan ni'm yn cael neud sŵn, 'de, achos bo' nhw'n recordio."

- "Be 'nest ti ddeud, felly, wrth siarad?" gofynnodd Ann.

- "'Nath o ddeud bod o'n un o Borthmadog. Rwbath i ddeud ia!"

Ac yna mewn ail olygfa, roedd gofyn i Haf a'r ecstra arall hwnnw symud yn ogystal â siarad. Roedd y cyfarwyddwr wedi gweld bod hi a'i phartner yn deall eu gwaith!

- "Adag hynny 'nes i gerddad ar draws, oeddan nhw isio fi fynd trwy'r cefndir. Roedd Britt yn actio, a'r brifathrawes, Gaynor, oeddan nhw'n siarad ond dwn i'm be oeddan nhw'n 'i ddeud, oeddan ni'm yn cael gwrando ar be oeddan nhw'n 'i ddeud."

Haf yn fyw ar Pobol y Cwm

- "'Nath Lisa fynd â chdi wedyn," meddai Ffion, "i ddangos be oeddan nhw 'di ffilmio, ar sgrin, oedd hwnna'n brofiad, doedd?"

- "Oedd! Aethon ni i ryw stafall fach ac oeddan ni'n cael sbio 'nôl ar be oedd wedi cael ei recordio. Ges i sioc gweld fi fy hun! Ond 'nes i fwynhau pob eiliad. Profiad ffantastig."

A rŵan fod Haf wedi ymddeol o'i gwaith efo Cyngor Gwynedd, os bydd angen ectras eto yng Nghwmderi, basa hi wrth ei bodd yn mynd 'nôl yna, gan iddi gael cymaint o flas ar y busnes actio 'ma! Ac fel mewn sawl maes arall yn ystod ei bywyd hi, mae hi wedi dangos be mae'n gallu ei wneud...

20
Ymuno â'r Orsedd

Mae Haf wedi cael sawl syrpréis dros y blynyddoedd, gan gynnwys ymddangos mewn pennod o *Pobol y Cwm*...

"... Ond y sioc fwya i mi gael erioed oedd un bora ym mis Ebrill 2014. O'dd amlen wedi cyrradd yn y post y bora hwnnw efo CYFRINACHOL arni hi, a dwi'n cofio ista wrth y bwrdd a'i hagor hi'n ofalus."

Llythyr gan yr Orsedd oedd o, yn llongyfarch Haf ar gael ei henwebu fel aelod o Orsedd Beirdd Ynys Prydain (fel yr oedd hi ar y pryd) am ei gwaith di-flino yn codi arian at achosion da. Ac roedd yn ei gwahodd i gael ei hurddo gyda'r Wisg Las yn ystod yr Eisteddfod Genedlaethol y flwyddyn honno, yn Llanelli.

"'Nes i ddarllan o fwy nag unwaith i neud yn siŵr bo' fi 'di ddallt o'n iawn! Dyna be oedd anrhydedd – 'nes i grio, deud y gwir, o'n i mor falch. Ond do'n i'm yn cael deud wrth neb yn 'y 'ngwaith."

Rhaid cadw'r gyfrinach nes cyhoeddi'r rhestr gyflawn o'r sawl sy'n cael eu hanrhydeddu ar ddiwedd mis Mai. Ond yn y cyfamser roedd ambell un yn swyddfeydd Cyngor Gwynedd wedi cael rhyw achlust, mae'n rhaid!

"O'n i'n y gwaith un diwrnod a dyma rywun yn gofyn i fi,
    'Ti'n fodlon rhannu dy gyfrinach?'
    'Dwi'm yn cael deud,' medda fi, ac wedyn:

'Wn i be 'nawn ni,' medda hi. ''Nawn ni gau'r drws a gei
di ddeud 'tha ni.'
'Sori, dwi'm yn cael deud!!'''

Daeth mis Mai o'r diwedd a doedd y peth ddim yn gyfrinach
dim mwy. Bu ffôn y tŷ yn brysur iawn wedyn, efo cyfarchion
gan ffrindiau ac aelodau o'r teulu – a diddordeb gan y cyfryngau
hefyd:

"O'dd rhaglen *Heno* isio dod i ffilmio fi ac mi ddoth Gerallt
Pennant i'r swyddfa i neud cyfweliad.
'Ma raid i fi ddeud llongyfarchiada mawr,' medda fo, 'am
bo' chdi 'di cael dy dderbyn i'r Orsedd,' ac o'dd o isio gwbod
sut deimlad oedd o i gael enwebiad mor fawr. 'Nath o
gyfweliad hefyd efo Rhian a Karen sy'n gweithio efo fi. Mi
ges i lot o hwyl efo criw *Heno*, a'r diwrnod wedyn, buon nhw
yn Llanrug yn ffilmio efo Mam a Dad."

Roedd Ann ac Irfon yn ofnadwy o falch dros eu merch, fel y
gellid dychmygu, ond roedd wedi cymryd ychydig o amser
iddyn nhw arfer efo'r syniad, fel yr eglurodd Irfon:

"O'dd y syniad o urddo Haf 'di cael ei grybwyll unwaith neu
ddwy o'r blaen, ond doedd Ann na fi ddim yn siŵr, 'dan ni'm
yn licio gormod o ffŷs ac ati. Ond y flwyddyn honno, daeth
rhywun o'r Orsedd i'r tŷ, cha i'm deud pwy, i ofyn a fasan
nhw'n cael rhoi ei henw hi mlaen. Ac mi gafodd o weld rhai
o'r ffeilia llunia sy gan Haf, yn dangos y petha gwahanol ma
hi 'di'u gneud, ac o'dd y dyn yma wedi dychryn bod hi wedi
gallu cyfrannu gymaint, a 'nath o ddeud 'plis, plis wnewch
chi adal i ni roi ei henw hi ymlaen'. A dyna ddigwyddodd. A
dwi'n falch ofnadwy ein bod ni 'di cytuno, o'dd hwnna i ni
gystal, os nad gwell, na be ges i, sef cap i Gymru!"

Daeth y diwrnod mawr yn nes, a dangosodd Haf ei dyddiadur imi gyda'r cofnodion a wnaeth hi yn ystod wythnos yr Eisteddfod:

Dydd Mercher – Awst 6ed
Cyrraedd y gwesty ym Mhorth Tywyn, ein cartref am weddill yr wythnos. Dad-bacio'r cês, cael rhywbeth i fwyta a cherdded am yr harbwr i ddal y bws wennol i fynd â ni i faes yr Eisteddfod. Wnes i weld lot o bobl roeddwn yn eu hadnabod – Nia Lloyd Jones o Radio Cymru a Dorian a Stella o'r BBC.

Bore Iau – Awst 7fed
Codi'n gynnar iawn heddiw i gael brecwast a dal y bws wennol i'r Eisteddfod. Gwneud ein ffordd draw i'r maes carafanau ar gyfer cyfweliad byw ar raglen Dylan Jones ar Radio Cymru, i siarad am y profiad o gael fy urddo i Orsedd y Beirdd.

"O'dd o'n gneud ei stint o ar y radio," meddai Haf, "a 'Llongyfarchiadau ar gael dy dderbyn i'r Orsedd,' medda fo. 'Rŵan... dwi isio'r hanas i gyd!'"

Bore Gwener – Awst 8fed
Roedd fy mol yn llawn pilipalas pan wnes i ddeffro – roedd y diwrnod mawr wedi cyrraedd o'r diwedd.
Fe aeth Mam, Dad, Ffion a fi i gefn y pafiliwn er mwyn cael fy ngwisgo yn y wisg las gan Ela Jones, Meistres y Gwisgoedd.

– "Un o Ysbyty Ifan ydi hi," meddai Ann, "ma hi'n lyfli. O'dd hi 'di cael dy fesuriada, ond o'dd 'na broblam efo dy benwisg di, doedd?

– "Oedd!"

– "Ac oedd hi 'di gneud un newydd i chdi, chwara teg."

Cefais gyfweliad arbennig ar y teledu gan Iolo ap Dafydd i siarad am y profiad o gael fy urddo. Roeddwn yn nerfus iawn!

A pha ryfedd? Roedd y maswr Stephen Jones, a'r cyflwynydd, Arfon Haines Davies yn cael eu cyfweld 'run pryd!

A chyn iddi gael cyfle i symud o'r ardal wisgo gefn llwyfan, cafodd Haf ei chyfweld wedyn gan Nia Lloyd Jones ar gyfer Radio Cymru ("Oedd o'n gyfweliad byw... o'dd hi'n gofyn, 'ti'n edrych ymlaen at gael bod yn yr orsedd a cael dy dderbyn?'") Dyma'r pedwerydd cyfweliad iddi ei wneud o fewn ychydig ddyddiau!

Roedd yn amser gorymdeithio allan i'r awyr agored tuag at Gylch yr Orsedd, a'r gorseddogion newydd yn bennoeth i gyd, gyda'u penwisgoedd dros eu breichiau, yn barod i gael eu hurddo:

Haf yn cael ei hurddo gan yr Archdderwydd Christine (Llun: Daily Post)

Roedd hi'n ddiwrnod poeth ac roeddwn i'n cydgerdded o dan awyr las braf tuag at y meini gyda dyn o Rydychen, Geoffrey Thomas, a chael sgwrs ddifyr efo fo. Wna i fyth anghofio'r seremoni ar ben y bryn. Codi ar fy nhraed, disgwyl i fy enw

yng ngorsedd, 'Haf o'r Llan', gael ei alw, a cherdded tuag at
yr Archdderwydd, Christine James ac ysgwyd ei llaw.

"A chwara teg i bawb o'dd yno, oeddan nhw i gyd yn ffantastig, oedd 'na lot o glapio, chwibanu a bob dim."

Dewisodd 'Haf o'r Llan' fel enw oherwydd ei chysylltiad â Llanrug a Llanaelhaearn gynt. Un o'r rhai oedd yno'n ei gwylio'n cael ei hurddo oedd Menai Thomas, oedd wedi trefnu'r gwaith cyntaf i Haf yng Nghyngor Gwynedd:

"Pan o'dd hi'n cael ei derbyn i'r Orsedd, mi 'nes i'n saff 'mod i yno hefyd a chael llunia ohoni – o'n i mor prowd ohoni!"

Yna, cafodd y benwisg ei gosod ar fy mhen. Dyna beth oedd profiad! Cerdded yn ôl wedyn, gydag aelodau'r Orsedd i gyd, a chamerâu pawb yn clicio o fy nghwmpas a phobl yn gweiddi fy enw o bob cyfeiriad. Roeddwn yn teimlo fel seren ym myd y ffilmiau!

Daeth Haf yn ôl yn ei gwisg y prynhawn hwnnw i fod efo'r Orsedd yn y Pafiliwn pan gadeiriwyd Ceri Wyn Jones, ac fe wnaeth y seremoni gryn argraff arni:

Wna i fyth anghofio cael bod yn rhan o'r Orsedd am y tro cyntaf a chael eistedd ar lwyfan mawr y Pafiliwn. Roedd cymaint o liwiau o fy nghwmpas ym mhobman ac roedd y ddawns flodau yn arbennig.

Ers hynny mae Haf yn mynd i'r Orsedd bob tro mae yn y gogledd (heblaw 2019, pan oedd y teulu ar ganol symud tŷ!)
    Ymhlith y ffrindiau newydd mae hi wedi eu gwneud, mae Mari o Gaernarfon. "Mae hi'n annwyl dros ben," meddai Haf.

Mae'r ddwy yn debyg o ran taldra ac mae'n haws felly i fwynhau sgwrs efo'i gilydd wrth orymdeithio at Gylch yr Orsedd!

Ond mae'r cof am y seremoni gyntaf pan gafodd ei hurddo yn un i'w drysori o hyd, ac yn ogystal â'r lluniau sydd ganddi yn gymorth i'r cof, cafodd glustog hyfryd gan ei ffrind newydd Megan Williams, y wniadreg o Drefor, gafodd ei hurddo ar yr un diwrnod â Haf yn Llanelli. Ar y glustog mae Megan wedi

Haf yn ei gwisg

brodio'r neges hon: 'Llongyfarchiadau Haf ar gael dy urddo yn Eisteddfod Genedlaethol Cymru Sir Gâr, Awst 8fed 2014.' Llongyfarchiadau yn wir – uchafbwynt teilwng i flynyddoedd maith o godi arian at wahanol achosion da.

Y glustog hardd a gafodd Haf gan Megan Williams, 2014

21

Tre Ceiri... ac ymddeol

Mae sawl newid arwyddocaol wedi bod ym mywyd Haf dros y bum mlynedd ddiwethaf. Y cyntaf oedd penderfyniad Ann ac Irfon i symud o Fuarthau, sydd yn y wlad y tu allan i Lanrug, i dŷ ar stad newydd yn y pentref ei hun, sef Tre Ceiri. Henaint ni ddaw ei hunan, a theimlai'r ddau y byddai'n llai o waith iddynt o ran cynnal a chadw, a heb yr angen i boeni chwaith am gadw trefn ar y tir o gwmpas y tyddyn.

Roedd yn dipyn o newid byd i'r teulu:

"O'dd gynnon ni gymdogion caredig iawn yn Buarthau," meddai Haf. "O'dd gynnon ni Robin a Gwenno a'r teulu dros y ffordd yn Sŵn y Gwynt, ond dwi'n falch iawn bod nhw'n dal i alw heibio weithia yn y tŷ newydd a 'dan ni'n dal i weld ein gilydd."

Gwagio Buarthau

Ond cyn cyrraedd y tŷ newydd, ar ôl byw gyhŷd yn Buarthau, roedd 'na dipyn o waith clirio a phacio'n wynebu'r teulu; o wagio cypyrddau'r gegin, i bacio defnyddiau gwneud cardiau Haf.

Mae Haf wedi cofnodi prysurdeb y symud yn ei dyddiadur ar gyfer dechrau Awst 2019:

Dydd Sul – Awst y 4ydd

Roedd Mam, Dad a Ffion yn ôl a blaen o Buarthau i stad Pen Cae heddiw, sef lleoliad ein cartref newydd.

Ar ôl gwylio'r Eisteddfod ar y teledu, mi fues i'n brysur yn helpu ac yn rhoi trefn ar fy holl bethau sydd i'w symud o fy hen ystafell wely i fy ystafell wely yn y tŷ newydd, bum munud i fyny'r lôn. Fues i'n brysur yn rhoi elastic bands o wahanol liwiau ar yr hangers dillad er mwyn cael trefn wrth eu gosod nhw yn y wardrob newydd! Mae cael trefn yn bwysig iawn i mi. Mi es i â'r bocsys i gyd draw i'r tŷ newydd ddiwedd y pnawn cyn mynd yn ôl i Buarthau i gael swper.

Dydd Llun – Awst y 5ed

Heddiw oedd ein diwrnod olaf yn Buarthau ar ôl 35 o flynyddoedd hapus iawn ac atgofion y byddaf yn eu trysori am byth. Aelwyd a chartref yn llawn cynhesrwydd, cerddoriaeth a chariad. Bu'n ddiwrnod prysur arall i ni ein pedwar wrth orffen pacio a chlirio cyn noswylio am y tro olaf. Roeddwn yn teimlo'n drist yn mynd i fy ngwely y noson honno.

Dydd Mawrth – Awst y 6ed

Codi'n fore iawn a daeth cwmni lleol draw gyda fan fawr i symud y dodrefn a'r gwelyau. Roedd yn deimlad rhyfedd gweld Buarthau yn mynd yn wag gyda phob trip yr oedd y fan yn ei wneud. Cymryd cinio yn nhafarn y Glyntwrog am nad oedd y gegin yn ei lle, a chysgu heno am y tro cyntaf yn ein cartref newydd – Tre Ceiri.

Dydd Mercher – Awst y 7fed

Treulio'r diwrnod yn gwagio bocsys, sortio dillad a rhoi pethau i gadw yn araf bach. Roedd yn waith blinedig ond roedd yn deimlad braf cael ymlacio y noson honno a gwylio'r Eisteddfod ar y teledu.

Er nad oedd Buarthau'n bell ofnadwy o'r pentre, roedd ar ochr lôn hynod brysur, heb bafin na llwybr ar ei gyfyl. Rheswm arall felly dros symud i Dre Ceiri oedd er mwyn ei gwneud hi'n haws i Haf gyrraedd canol pentre Llanrug, heb orfod dibynnu ar fws neu bàs gan un o'r teulu.

> "Dyna oeddan ni 'di gobeithio, 'de," meddai Ann. "Ond daeth y Covid bron yn syth ar ôl inni ddod 'ma, a buon ni i gyd yn reit wyliadwrus ar ôl hynny..."

* * *

Fel llawer i un arall ar ddechrau 2020, roedd Haf wedi bod yn dilyn y bwletinau newyddion yn bryderus, a'r holl sôn am y feirws peryglus newydd oedd wedi ei ddarganfod yn Tsieina, ond yn dechrau ymledu drwy'r byd i gyd:

> "Wna i fyth anghofio y diwrnod 'na ddiwadd mis Mawrth," meddai Haf, "pan ddudodd y Llywodraeth wrth bawb: 'Aroswch adra a pheidiwch cymysgu efo neb, 'mond rheini sy'n byw efo chi.' O'dd hi'n rhy beryglus i gymysgu efo pobl erill achos o'dd y *virus* yn lledu mor gyflym... O'dd o'n salwch creulon, a lot fawr o bobl yn wael yn 'sbyty ac yn marw..."

Cyfnod pryderus ac anodd iawn i bawb. Cafodd Haf alwad ffôn gan y Cyngor yn dweud wrthi beidio mynd i'r swyddfa. Cafodd gyfnod o *furlough* ac fe wnaeth y Cyngor drefnu bod gwaith yn cael ei anfon i'r tŷ.

– "O'dd hyn yn beth rhyfadd iawn i mi," meddai Haf. "O'dd Rhian Bont yn gollwng llond bocs o waith ar y tro, i fi neud adra, rhoi petha mewn amlenni a ballu..."

– "Ond oeddan nhw'n goro chwilio a chwalu am waith 'sat ti'n gallu'i neud yn y tŷ..." meddai Ann.

Os oedd yna rwystredigaeth ac ofn yn codi o fod yn gaeth yn y tŷ, roedd Haf yn benderfynol o barhau i wneud cardiau i geisio helpu'r NHS, fel y clywsom eisoes.

Roedd 'na gysur i'w gael hefyd drwy sgwrsio'n rheolaidd efo ffrindiau ar Zoom neu WhatsApp – ac efo Ffion yng Nghaerdydd, wrth gwrs.

Codi pres i'r NHS drwy werthu cardiau o'r ardd, 2020

"Fuodd Ffion ddim adra am bron i bum mis," meddai Haf. "O'n i'n hapus iawn pan ddudodd hi 'i bod hi'n gadal Caerdydd."

Ond nid rhyw drip dros dro i weld y teulu mo hyn. Ar ôl 23 o flynyddoedd yng Nghaerdydd, roedd Ffion wedi penderfynu symud yn ôl adref. Gadawodd ei swydd staff efo'r BBC yng Nghaerdydd a dechrau gweithio'n llawrydd, o'u stiwdios radio ym Mangor gan amlaf:

"Dwi 'di bod yn reit lwcus ers dod yn ôl," meddai Ffion, "bo' fi 'di cael gwaith eitha parhaol, rhyw amrywiaeth, deud y gwir, weithia ar y dderbynfa, ond hefyd yr un math o waith ag o'n i'n 'i neud yng Nghaerdydd – gwaith cynorthwyo darlledu, mewn ffordd. Dwi 'di gweithio efo rhaglen Ffion Dafis, eisteddfoda, gneud y Genedlaethol gefn llwyfan, a'r

Urdd... rhaglenni gyda'r nos a ballu... ia, dwi 'di bod yn lwcus ofnadwy, deud y gwir!"

Sut beth oedd byw fel teulu o bedwar dan yr unto unwaith eto, ar ôl cymaint o flynyddoedd ar wahân?

– "Yn sicr yn y misoedd cynta," meddai Ffion, "o'dd o'n teimlo'n od, achos o'n i'n teimlo fatha bo' fi'n tarfu i ryw radda. Mi ddois i'n nôl yn ystod Covid, wrth gwrs, ac o'n i'n dal i weithio ar raglen Bore Cothi, ac yn gorfod cau fy hun yn y stydi bob bora efo'r laptop... ac oeddach chi'ch tri wedi byw am yr holl amsar efo eich trefn eich hunain... a mwya sydyn o'n i 'di landio 'nôl efo'n stwff i gyd! Felly, o'dd o'n rhyw deimlad rhyfadd ar y dechra, ond eto, o'dd o'n neis bod 'nôl a chael treulio amsar efo Haf. A chyn hir, mi o'dd o fel yr hen ddyddia eto, cyn i fi symud i Gaerdydd... O'dd o fel bod y cylch fwy neu lai yn gyflawn, 'lly."

Haf a Ffion 'fel yr hen ddyddiau'

– "Yn rhyfadd iawn," meddai Ann, "o'n i 'di edrych mlaen ers blynyddoedd i hyn ddigwydd, a phan 'nath o ddigwydd yn diwadd, wel ia, 'dyna fo,' o'n i'n meddwl, ''dan ni 'di dod at ein gilydd eto.' Na, ma hi wedi bod yn wahanol dy ga'l di 'nôl wrth gwrs, ond ma'n dda cael dwy law ecstra weithia, yn dydi Haf?"

– "Yndi!" cytunodd Haf. "O'n i'n hapus iawn pan ddudodd Ffion bod hi'n gadal Caerdydd... Dwi'n gwbod 'i bod hi'n colli'i ffrindia hi yno... ac mi fydda i'n colli mynd ar wyliau ati – gwario pres yn y siopa a mynd i weld cyngherdda a ballu! – ond bydd yn esgus braf inni fynd nôl 'na ar wylia, yn bydd Ffi?"

* * *

Wrth i Haf, Ffion, Alun ac Irfon ddechrau byw efo'i gilydd unwaith eto, roedd y byd o'u cwmpas yn raddol fynd yn ôl i drefn. Cafodd cyfyngiadau Covid eu codi o un i un, ond roedd rhai yn ei chael hi'n haws na'i gilydd i ailgydio yn eu bywydau cynt.

Am gyfnod hir ar ôl Covid, doedd Haf ddim yn teimlo'n hyderus ynglŷn â mynd yn ôl i ofodau cyhoeddus. Roedd hi'n gyndyn o ddefnyddio'r bws a mynd yn ôl i'r swyddfa: "O'n i chydig bach yn nyrfys," meddai. Ond fel llawer i le gwaith ar draws Cymru, roedd y trefniant a ddatblygodd yng nghyfnod Covid yn gallu parhau, gydag un o gyd-weithwyr Haf yn galw bob yn hyn a hyn gyda bocsaid o waith iddi ei wneud yn y tŷ. Ond roedd newid yn y gwynt, fel yr eglurodd Ann:

"Doedd na'm digon o waith iddi, o'dd y gwaith yn dod i ben, doedd? Pob dim yn mynd yn electronig ar-lein, a doedd Haf ddim 'di arfar gneud gwaith felly. Gwaith papur oedd ei phetha hi."

Cafodd Haf ei hysbysu'n swyddogol ar ddechrau Mai y byddai ei swydd yn dod i ben ar ddiwedd Mehefin 2023, oherwydd ad-drefnu yn y Cyngor:

"Dwi'n cofio'r cnoc ar y drws y bora hwnnw," meddai Haf, "a'r amlen yn disgyn ar y mat, efo fy enw i arni. Ac o'n i'n teimlo'n drist iawn ar ôl darllan y llythyr achos do'n i'm jest yn mynd i golli gwaith, ond colli cwmni'n ffrindia i hefyd... 'Mond fi o'dd adra pan ddoth y llythyr ac o'n i'n teimlo'n unig iawn... Ar ôl i Ffion gyrradd adra, 'nes i ddangos y llythyr iddi ac mi 'nath hi afal yn dynn amdana i..."

Penderfynodd Haf, a hithau bron yn bum deg dau, mai dyma'r amser iawn i ymddeol. Roedd llawer o deimladau cymysg iawn y bore hwnnw ac yn ystod yr wythnosau canlynol. Ar ôl ei diwrnod olaf yn y gwaith, roedd rhaid nodi'r achlysur, a gadawodd y swyddfa am y tro olaf yng nghwmni dwy o'i chyd-weithwyr:

"'Nathon ni fynd i'r Anglesey, Rhian a Mari a fi, i gael diod bach, ac ymlaen i fwyty'r Wal wedyn. O'n i'n meddwl mai dim ond ni'n tair o'dd yn mynd am swper bach y noson honno, ond ges i sioc a syrpréis bendigedig ar ôl cerddad i mewn, o'dd pawb o'r swyddfa yn disgwyl amdana i. O'dd Rhian a Mari 'di trefnu parti ffarwél i mi o'r Cyngor, a balŵns ymhob man!!

Roedd ambell falŵn yn siâp yr haul gan mai 'haul' oedd thema'r parti, fel yr esboniwyd yn y cerdyn a gyflwynwyd iddi gan ei chyd-weithwyr:

"Am y rheswm syml fod yr haul yn dilyn Haf bob tro y mae hi'n cerdded mewn i'r ystafell!"

Roedd y cerdyn hefyd yn talu teyrnged i'w blynyddoedd o wasanaeth efo Cyngor Gwynedd:

"Ers 29 o flynyddoedd mae Haf Thomas wedi bod yn wyneb cyfarwydd iawn i'r rhai ohonom sy'n gweithio yn y Pencadlys yng Nghaernarfon. Cyn cyfnod Covid bydd nifer ohonom yn cofio Haf yn ymweld â swyddfeydd yn danfon y post. Byddai Haf yn

Haf yn ei pharti ymddeol, 2023

cerdded mewn i'r ystafell yn wên o glust i glust, a'i wên honno'n cynyddu bob tro y byddai Westlife yn rhan o'r sgwrs!"

Nid y cerdyn oedd yr unig beth a dderbyniodd Haf ar ddiwedd y noson...

"Ath Mari rownd y gornal yn slei bach ac mi ddoth hi'n ôl efo tusw o floda haul i mi, cardyn sbesial iawn o'dd pawb 'di arwyddo, a phres o'n nhw 'di'i gasglu i mi ar fy ymddeoliad! O'dd y dagra'n llifo cyn diwedd y nos. Fedra i ddim diolch digon am yr holl garedigrwydd dwi 'di gael ar hyd y blynyddoedd. O'dd hi'n noson fythgofiadwy!"

Y diwrnod wedyn ar ddydd Gwener (er nad oedd hi'n gweithio'r diwrnod hwnnw) yr oedd cytundeb gwaith Haf yn

Haf a'i chyd-weithwyr yn ei pharti ymddeol

Haf ar y llwyfan efo Trio

dod i ben yn swyddogol, a digwydd bod, roedd y teulu wedi cael tocynnau i weld cyngerdd y noson honno. Roedd Trio (Steffan Lloyd Owen, Bedwyr Parri a Emyr Gibson) yn Galeri, Caernarfon, yn dathlu deng mlynedd o berfformio efo'i gilydd, gydag Annette Bryn Parri yn cyfeilio iddynt.

Roedd Annette a'r hogiau yn ffrindiau i Haf ac wedi deall fod hwn yn ddiwrnod arwyddocaol, ac yn ddiwedd cyfnod iddi; ac felly galwon nhw arni i ymuno â nhw ar lwyfan Galeri i gloi'r noson! I lawr â hi felly, o'i sedd yn y gynulleidfa, i gyd-ganu 'Calon Lân', ac yna'r anthem genedlaethol:

"Wel... dyna noson arall i'w chofio!" meddai Haf.

22
Be nesa... ?

Haf a'r teulu

Wrth ddod i arfer â bywyd ar ôl ymddeol, mae Haf yn raddol wedi dod i arfer â bywyd ar ôl Covid hefyd:

- "Mae lot mwy o hyder gan Haf erbyn hyn," teimla Ffion, "o'i gymharu â fel yr oedd hi yn ystod y pandemig..."

- "Oeddach chdi cau'n glir â mynd i lefydd heb wisgo mwgwd am yn hir, yn doeddachd Haf?" meddai Ann.

- "Ia... ac yn rhoi'r stwff 'na ar 'y nwylo. Mi 'nes i gynna, do..."

- "Pam 'lly?"

- "Am fod y postman 'di dŵad â llythyra i ni."

Bydd Haf yn mynd i'r pentre ar ei liwt ei hun unwaith eto, ac yn galw weithiau yn nhŷ Mair a Gwyndaf, rhai o ffrindiau'r teulu:

- "Dwi wrth fy modd yn ei chwmni hi!" meddai Mair. "Ma hi'n cerddad ffor' hyn i'r siop ac mi 'neith hi stopio yma ar ei rhawd... ac wedyn diod oren ma hi bob amsar yn 'i licio, ac mi fydda i'n deud wrthi, 'Gwranda Haf, well iti ffonio adra i ddeud bo' chdi 'di stopio yma,' yndê."

Ymhlith y pethau y byddan nhw'n eu trafod y mae'r cyngherddau y mae Mair yn eu trefnu yn y capel i godi pres at achosion lleol:

- "'Dan ni wedi cael sawl cyngerdd Adfent, ac mae Haf yn helpu efo'r raffls, ma hi'n gofyn am y job yna bob tro – ma hi'n rhan o bob dim, yn dydi."

Gofynnais i Haf sut oedd hi'n llenwi ei dyddiau ers ymddeol:

- "Cwestiwn da i ofyn! Be dwi'n neud efo fi fy hun? Wel, am bo' fi 'di ymddeol, dwi'n rhydd 'wan i neud petha'n hun. A dyna pam 'nes i benderfynu gneud hanes fy mywyd... felly be arall dwi'n hoffi'i neud? Gwrando ar gerddoriaeth; dwi'n hoffi helpu Mam yn y tŷ, dwi'n medru smwddio, dydw Mam? Peth arall dwi'n licio'i neud ydi gosod bwrdd cyn i bawb gael eu brecwast... dwi'n neud hynny noson gynt."

Ac mae wedi bod yn arbrofi mwy efo'i mam yn y gegin, fel y tystiodd Mair Lloyd Hughes, sydd wedi bod yn hel jariau i deulu Tre Ceiri:

– "Llynadd o'dd Ann yn gneud jamia mwyar duon ac eirin ac ati, ac mi o'dd Haf wedi gneud marmalêd, wedi'i lapio i fyny'n ddel, rargian, o'dd hi'n falch o'r marmalêd 'ma, 'de – a dwi'n siŵr y gwneith hi o eto pan fydd Ann yn gneud ei jamia."

Ac er iddi gael hoe oddi wrth y cardiau tra'n rhoi trefn ar hanes ei bywyd, mae hi'n bwriadu ailgydio yn hynny hefyd:

– "Yndi," meddai Ann, gan wenu, "dyna ydi'i drwg hi braidd, diddordeb mewn lot o betha! Fues i ar un adag yn teimlo'i bod hi'n gorlwytho hi'i hun... ond 'di Haf ddim yn licio bod yn llonydd a gneud dim byd, ma hi'n deud hynny ei hun o hyd. Weithia byddwn ni'n deud, 'ti 'di blino 'ŵan, Haf, ti 'di neud digon.' 'Na dwi'n iawn,' fydd yr atab, 'dwi'm yn licio ista'n neud dim byd.' Felly, tra bod yr egni ganddi, ma hi'n haeddu cael bob cyfla, dydi, os ydi hi'n dangos diddordab mewn rwbath, mae'n iawn iddi gael 'i neud o. Felly 'dan ni di trio gneud efo hi erioed..."

– "Ond dyna rwbath arall dwi'n gobeithio daw allan o lyfr Haf," ychwanegodd Irfon. "Mae'n gofnod o fywyd llawn iawn... a sut mae Haf wedi mynnu cyfrannu i'r byd yn ei ffordd ei hun... ac mae'n dal i neud, wrth gwrs! Ond i ni fel rhieni, mae'na werth arall i'r llyfr... Os ydi o'n rhoi help i rieni ifainc yn y dyfodol (fel oeddan ni, hannar can mlynadd yn ôl) i sylweddoli fod 'na ffordd o ddod drwy'r problema 'ma, sdim rhaid rhoi'r ffidil yn to, mae 'na oleuni ymhen draw'r twnnal, er mor dywyll mae petha'n gallu ymddangos ar y dechra... wel os ydi'r llyfr hwn yn gallu rhoi help iddyn nhw, gora oll, yndê."

Nid oedd llawer o arweiniad i rieni ynghylch syndrom Down 'nôl ar ddechrau'r 1970au, a bu Ann ac Irfon yn ddigon arloesol o'r dechrau'n deg, gan ganolbwyntio ar yr hyn a *allai* Haf ei wneud yn hytrach na'r hyn na fedrai hi ei wneud. Wrth ei magu, Haf oedd yn bwysig, nid ei chyflwr, ac ys dywed Heather Lynne Jones, un o'i chyd-weithwyr gynt:

> "Ma Haf 'di byw ei bywyd ei hun. Ma hi 'di cael nerth ac ma hi 'di cael arweiniad gin Ann ac Irfon, ond Haf sy wedi penderfynu bob dim ma hi 'di neud, oherwydd bod hi wedi cael ei hannog i gael ei llais ei hun…"

'Mae angen cymuned i fagu plentyn' medden nhw, ac mae hynny'n arbennig o wir pan fo plentyn ag anghenion arbennig. Nid oes amheuaeth nad yw'r gymuned ehangach honno – Llanaelhaearn, y Bontnewydd, Llanrug, Pendalar a Chyngor Gwynedd – i gyd wedi bod yn gefn i Haf ar hyd ei hoes, a hithau, drwy'i hymdrechion cyson dros ddeng mlynedd ar hugain, wedi gwneud cymaint i geisio talu'r gymwynas yn ôl.

> "Pan ma'r llyfr yma'n dod i ben," meddai Haf eto, "dwi'n mynd yn ôl at fy nghardia. Dwi 'di bod yn cael ordors, do, pobl yn gofyn am y cardia, dwi'm isio siomi neb!"

Ond mae ymddeol yn golygu hefyd fod mwy o amser hamdden i Haf a'i theulu fynd i grwydro, a gweld mwy o sioeau a chyngherddau. Roedd 'na hen edrych ymlaen at Eisteddfod Boduan ar aelwyd Tre Ceiri yn 2023. Dyma'r tro cyntaf i'r Eisteddfod Genedlaethol ymweld â hen gynefin Ann ers degawdau – a chartref cyntaf Haf wrth gwrs. "Mi fydd hi'n wythnos arbennig, heb os," meddai Haf yn ei dyddiadur.

Aeth y teulu i gyd i aros yn yr Hen Felin, Edern dros yr Eisteddfod; ond roedd Ann a Ffion wedi bod yn ôl ac ymlaen ers dechrau'r flwyddyn ar gyfer ymarferion Côr y Curiad, gan berfformio ddwywaith yn y cyngerdd gwerin 'Y Curiad: Ddoe,

Haf efo Alwyn Humphreys a Hywel Gwynfryn, Boduan, 2023

Heddiw ac Yfory' – "noson hollol wych!" yn ôl Haf.

Cafodd Haf ddigon o gyfle i grwydro'r Maes, gan dynnu'i llun efo Hywel Gwynfryn ac Alwyn Humphreys ("Ges i lot fawr o hwyl yn eu cwmni!" meddai).

Profiad mwy chwerw felys oedd mynd efo Ffion ar y dydd Mawrth i weld nifer o'i hoff gerddorion, fel Mared Williams, a Morgan a Jacob Elwy, yng Nghaffi Ni, Nefyn:

"Pwy ddoth i mewn ond Nia 'y nghnithar a'i gŵr Ieu – 'nathon nhw ista nesa aton ni a symud eu bwrdd yn nes, inni gael gwylio'r bandia efo'n gilydd. Ond o'n i fawr o feddwl mai dyna'r tro ola 'swn i'n gweld Ieu. 'Nath o farw jest cyn Dolig. O'n i'n meddwl y byd o Ieu, a dwi'n ei golli o hyd."

Ond yn ystod wythnos yr Eisteddfod ei hun, cysgod tu hwnt i'r gorwel oedd hynny a phawb yn eu hwyliau o hyd. A dyma'r cofnod o ddyddiadur Haf ar gyfer ei diwrnod olaf yn yr Eisteddfod:

Dydd Gwener – Awst 11eg
Diwrnod pwysig heddiw. Nid yn unig cael bod yn rhan o'r

Haf a'r golygydd yn barod ar gyfer seremoni'r Orsedd, Boduan, 2023!

Orsedd a Jeremoni'r Cadeirio, ond cael dathlu fy mhen-blwydd ar y maes hefyd. Brecwast cynnar yn yr Hen Felin a mynd yn syth i'r babell ymgynnull tu ôl i'r pafiliwn i wisgo fy ngwisg las. Mae o'n brofiad anhygoel cyd-gerdded efo aelodau eraill yr Orsedd ac urddo aelodau newydd, mae hi'n seremoni mor arbennig. Diolch Boduan am Eisteddfod fendigedig. Wnes i fwynhau pob eiliad.

Ac felly, meddai Haf, wrth drafod cynllun y llyfr hwn, oedd hi am iddo orffen, gyda hanes Eisteddfod Boduan… ond roedd y tâp yn dal i redeg…

"A! 'Dan ni 'di bod mewn un peth dwi 'di anghofio deud amdano fo. Nos Sadwrn oeddan ni 'di mynd i Landudno i aros, yn y St George? Ia, oeddan ni'n aros yn fanno. Ac wedyn 'nathon ni fynd i weld sioe Giovanni oedd yn *Strictly*! O'dd y perfformiad yn ffantastig, 'de. A cherddoriaeth yn dilyn amrywiaeth rheina o'dd yn dawnsio 'lly. Waw! 'Nes i fwynhau fy hun yn fawr iawn...

Dwi'm yn meddwl bo' gen i fwy..."

Un enghraifft arall o ddiléit Haf mewn cerddoriaeth... a'i hymateb byrlymus i fywyd yn gyffredinol. A dyma bwyso 'stop' ar y recordydd a'r geiriau olaf yn dal i atseinio: *Dwi'm yn meddwl bo' gen i fwy...* Mae Haf wedi rhoi cymaint, ac wedi gwneud cymaint o bethau yn barod, ond 'a oes ganddi fwy'? Gallwch fentro fod llawer iawn mwy i ddod... ond testun y llyfr nesaf fydd hynny!

Diolchiadau Haf

Diolch i Ifor, am ei arweiniad gwerthfawr o'r dechrau i'r diwedd.

Dwi'n lwcus iawn fod gen i deulu caredig – Anti Grace, Anti Nan, Anti Margaret, Anti Mona ac Anti Gwyneth.

Mae gen i ffrindiau bendigedig hefyd a dwi'n meddwl y byd o bob un.

Tristwch mawr oedd colli un ohonyn nhw wrth weithio ar y llyfr hwn, sef Mandy, un o fy ffrindiau gorau. Roedd hi'n ffeind iawn pan oedd y ddwy ohonon ni'n gweithio yn y Cyngor, ac roeddwn wrth fy modd yn cael mynd allan am ginio efo hi. Roedd hi bob amser yn anfon cerdyn pen-blwydd a cherdyn Nadolig ata i efo'r neges 'I ffrind arbennig'.

Diolch am gael rhannu fy stori efo chi. Gobeithio eich bod wedi mwynhau ei darllen.

Haf xx

Atodiad:
Rhestr ymgyrchoedd codi arian Haf
1995–2022

1995	UNICEF (Cyngerdd Nadolig)	£52
1996	Tŷ Gobaith, Conwy (Cyngerdd Nadolig)	£50
1997	Ysbyty Eryri, Caernarfon (Cyngerdd Nadolig)	£55
1998	Tŷ Enfys, Ysbyty Gwynedd (Cyngerdd Nadolig)	£66
1999	Ward Alaw, Ysbyty Gwynedd (Nofio noddedig)	£1,500
2000	Ymchwil y Galon (Cyngerdd Nadolig)	£170
2001	Apêl Affganistan (Cyngerdd Nadolig)	£507
2002	Marchogaeth i'r Anabl (Cyngerdd Nadolig)	£800
2003	Cŵn Tywys Gwynedd (Cyngerdd Nadolig)	£5,000

2004–05	Ambiwlans Awyr Cymru	£22,200
2006	Apêl Ysgol Pendalar	£7,150
1999–2003	Cyfanswm casgliadau o gwmpas y Cyngor ar gyfer Plant mewn Angen	£1, 585
2007	Uned Gofal Dwys Ysbyty Gwynedd – er cof am Brenda	£300
2008	Cronfa Parkinsons Arfon a Môn	£1,200
2009	Cymdeithas Strôc Môn ac Arfon	£1,220
2010	Cronfa Elliw Llwyd Owen (Arennau Cymru)	£500
2011	Apêl Eisteddfod yr Urdd (Eryri 2012)	£150
	Lleisiau Llanbabs	£40
2012	Hosbis yn y Cartref	£525
2013	Cŵn Tywys Gwynedd	£186
	Meddygfa Waunfawr a Llanrug	£700
	Cymorth Cristnogol	£50
	Bore Coffi Cynllun 'Efe' er budd Ysgol Sul Capel y Rhos, Llanrug	£30

2014	Cronfa Macmillan	£1,050
2015	Cronfa Marie Curie	£2,979
	Ward Alaw, Ysbyty Gwynedd	£72
	Bore Coffi Macmillan	£46
2016	Cyfeillion Ysbyty Gwynedd	£800
	Bore Coffi Macmillan	£100
	Gŵyl y Gannwyll – er budd llyfrau llafar Cymdeithas y Deillion, Sir Gâr	£270
	Capel y Rhos, Llanrug	£120
	Cymdeithas y Deillion Gogledd Cymru (Hel Stampiau)	£1,100
2017	Bore Coffi Macmillan	£38
	Capel y Rhos, Llanrug	£75
2018	Apêl Archie – help i addasu ei dŷ	£1,000
	Bore Coffi Macmillan	£40
	Defibrillator i bentref Llanrug	£385
2019	Bore Coffi Hafan Elan – er budd Marie Curie	£147

2020	Awyr Las – elusen i gefnogi'r NHS yng ngogledd Cymru	£450
	Cyfraniad Blynyddol Macmillan	£65
2021	Cyfraniad Blynyddol Macmillan	£61
2022	Awyr Las – elusen i gefnogi'r NHS yng ngogledd Cymru	£250
	Apêl Wcráin	£200
	Cyfraniad Blynyddol Macmillan	£100
	Te pnawn yn y Glyntwrog – er budd Marie Curie	£100
	Cyngerdd Carolau, Sant Padarn, Llanberis – er budd Ward Alaw, Ysbyty Gwynedd	£100
2017–22	Cymdeithas y Deillion Gogledd Cymru (hel stampiau)	£4,000

CYFANSWM (1995–2022):   £58,259

Bydd cyfran o elw'r llyfr hwn yn mynd at elusen leol.